风·雅·颂
—— 发现另一个自己 ——

思想家眼中的艺术丛书

Lacan Reframed

Steven Z.Levine

解读艺术:拉康

[美] 史蒂夫·Z.莱文——著

郭立秋 —— 译

重庆大学出版社

目　录
CATALOG

『第二章』

另一世界来"物"

『第三章』

迷失的客体

总　序

PREFACE

解读与重塑

"思想家眼中的艺术"丛书陆续出版。这套书以重构为题，审视西方著名思想家论艺术及视觉文化的视角。正如译文中所言，重构预示将再一次构建，不只是向国内艺术学领域的读者们较为全面地介绍这些西方当代思想家的观点，更是试图以重构之名从艺术学的视角剖析他们曾经的一些质疑与拷问。当然，在各种信息平台已经对这些思想家的话语进行反复解读的今天，这套书为解读被研讨的思想家们及其成就无疑提供了一个易于接受的新视角，从这个意义来讲，重"构"实际上是为了重"塑"。

丛书以"从视觉出发"为立足点，通过层层揭示和实例分析，使我们能够从深奥难解的语句中，了解到思想家们敏锐而深邃的观察力和思想力，如海德格尔借助对艺术的探析思考"存在之意义"，利奥塔、拉康围绕着"物"的空无对艺术所做的阐释，德勒兹对"块茎"概念的分析进而提出了一种新的思维模式……这或许就是换一种方式，对上述思想家进行再认识或重塑其道的注解版。众所周知，这些思想家的独特见解和他们提出的某些概念，已被国内研究者们在不同领域中进行了深化和拓展。

其中，海德格尔对艺术真理的追问，以及试图确切地阐释艺术的本质究竟是什么，如他认为艺术的本质是一种"模式"，并揭示被遮蔽但可通过艺术家置入其中的真理。再如德勒兹的"块茎"思维模式，为我们认知层次分明的西方文化认识系统提供了有效的帮助。尽管我们并不能认为"块茎"思维模式就是对西方传统意义上的"树状"思维模式的一种挑战或替代，但后者的延展与联结方式的局限性显然已经凸显。

这其中，难免会带有原作者个人的观点或倾向性，但这并不妨碍我们从"艺术"的视角对思想家们成就的再度认识和评价。在今天，随着"互联网+"，甚至是"万物联网+"热潮的兴起，我们审视艺术的方式也在发生变化，在艺术、技术甚至是科技的本质与意义再次被追问和思考的同时，全面地研究和解析西方著名思想家们的艺术观，可以更为深刻地从"高技术"崇拜的表象下，理解艺术本体以及艺术与技术的结合在当代的价值和意义。因此，本套书的推出，不是为了回顾过去的艺术或文献的补充，而是提请艺术界同仁共同思考如何理解和看待今天乃至未来的新艺术。

重庆大学出版社独具慧眼，与时俱进，积极组织学术力量开展这套丛书的编译工作，"思想家眼中的艺术"丛书今天能够成功付梓，当是丛书团队高定位、高效率的完美回报，也是出版部门与诸位译者精诚合作，辛勤工作的成果。相信这套书能够在我国方兴未艾的艺术教育和艺术研究事业中发挥应有的作用。

是为序。

张夫也

2015 年深秋于北京清华园

导 言

为什么选择拉康?

具体地说,对于像我们自己一样的读者,不管是学生还是老师,是生产商还是消费者,在当今这样复杂的视觉文化世界里我们为什么要选择拉康?针对这个问题,法国人有一个词 un visuel,即视觉人,这种人在生活中处处表现出对视觉、图像、艺术的敏锐。雅克·拉康(Jacques Lacan,1901—1981)是这样的人,也不是这样的人。他的确对看得见的事物充满热情,但他更关注看不见的事物。现代主义艺术家,诸如萨尔瓦多·达利(Salvador Dali)、马塞尔·杜尚(Marcel Duchamp)、拉康的姐夫安德烈·马松(Andre Masson)以及巴勃罗·毕加索(Pablo Picasso,有时是拉康的病人),都是拉康的朋友,偶尔也是拉康的合作者。在大多数时间里,拉康是艺术品收藏家,有时也是建筑、雕刻、绘画以及电影的临时评论家,所涉及的内容广泛,从旧石器时代的山洞到中世纪的大教堂,从文艺复兴到当代艺术。拉康对临床精神分析领域的研究贡献较大,在这方面著述颇丰,其作品跨越了半个世纪——从 20 世纪 30 年代直至1981 年去世。这条精神分析理论和实践的路线迂回曲折,而不可思议的是却始终如一。在这条路上，他常常回归到视觉艺术所使用的类比阐释法。在这一点上，他与精神分析创始人西格蒙德·弗洛伊德（Sigmund Freud，1856—1939）相比没什么两样。弗洛伊德在 20 世纪前 20 年中对列奥纳多·达·芬奇（Leonardo Da Vinci）和米开朗基罗·博那罗蒂（Michelangelo Buonarroti）的艺术的论述非常出名，而拉康从未停止回顾弗洛伊德那些对精神分析具有开创意义的文本。还有些人可能是拉康派的（如果他们宁愿这样的话），但拉康总是重申自己对弗洛伊德的忠诚。

Ecrits 这个法语词的意思是"作品集"，是一本大部头的书，收集了很多拉康在 20 世纪 30 年代中正式做过的演讲、写过的短评。1966 年本书的法文版出版，赞誉与恶名齐至，时年 65 岁的拉康近乎处于自己的声望之巅。1977 年，艾伦·谢里丹（Alan Sheridan）节选书中的部分内容译成英文，2005 年布鲁斯·芬克（Bruce Fink）则完成了更可靠、更完整的全译本。书中的几篇文章引用了艺术作品，不过相关的参考文献只是起到了装点作用而已，无一得到充分展开，而这些文章写得晦涩难懂，有关拉康思想的介绍也不易被理解。在拉康每周举行一次的巴黎演讲中，更多地引用了艺术文献。1953—1980 年的每一场演讲都挤满了背景各异的听众，他们中有心理学家、哲学家、诗人、画家和充满好奇心的人们。1953—1963 年，拉康在圣安妮精神病医院做讲座，听众主要由来自巴黎精神分析协会（拉康 1934 年加入该协会，简称 SPP）和法国精神分析协会（这个从 SPP 分离出来的协会是 1953 年在拉康的帮助下建立的）的精神分析师和实习精神分析师组成。由于改变精神分析治疗标准的小时制而违反了相关规定，当时是训练分析师的拉康被法国精神分析协会解雇，后于1964年建立了自己的训练机构——法国精神分析学校，后改称巴黎弗洛伊德学校。1964—1968年，拉康在马克思主义哲学家路易斯·阿尔都塞（Louis Althusser）的资助下，在一个知名的巴黎高等教育中心——巴黎高等师范学院举办了研讨会，但是由于他声援了1968年革命事件中参加罢工的学生和工人，在那里便不再受欢迎了。之后，拉康应文化人类学家克劳德·列维-斯特劳斯（Claude Levi-Strauss）的邀请，在巴黎大学法学院演讲，直到他去世前一年。听他演讲的听众越来越多，他们也越发地感到其演讲神秘莫测。

从20世纪50年代到70年代，参加拉康讲座的常客中有许多是法国最著名的知识分子，其中有视觉认知的存在主义现象学家莫里斯·梅洛-庞蒂（Maurice Merleau-Ponty），文学、文化符号学批评家罗兰·巴尔特（Roland Barthes），研究知识和权力的历史学家米歇尔·福柯（Michel Foucault），解构主义语言哲学家雅各·德里达（Jacques Derrida），女性主义批评家、倡导者露西·伊利格瑞（Luce Irigaray）、埃伦娜·西苏（Hélène Cixous）、朱莉娅·克里斯蒂瓦（Julia Kristeva），还有很多人。雅克-阿兰·米勒（Jacques-Alain Miller）是阿尔都塞的博士生，后来成为拉康的女婿，于1973年受托负责转录拉康长期以来所做的公开研讨会内容，并将其编撰成年度合订本。这是一项宏伟的任务，至今也未完成。迄今为止，26本中的14本已有法文本，其中的7本已译成英文，其他一些还未公开发表的抄本、录音和未经授权的译本，在互联网上可以找到。

1970—1971 年，我在巴黎读研，我的毕业论文是关于印象派画家克劳德·莫奈的艺术，尽管当时我开始通过电影杂志更多地了解拉康的理论，但那只不过是不得已而为之的事情，而不是出于认真负责的态度。很遗憾地说，到拉康对公众开放的研讨会开到第 18 个年头之前，我从未参加过。这本小书是要弥补我年轻时在法国度过的短暂的青葱岁月中未曾与拉康谋面的缺失，其实这种遗憾是无法弥补的。

既然拉康的作品是出了名的难懂，那为什么视觉艺术领域的学生们还要费劲去研读呢？我给出的原因就是"日子怎么过"是我们生活中的基本问题，而且我相信拉康致力于帮助我们用有成效的方法解决这个问题。这个星球上其他生物物种似乎出于本能就知道如何在赋予他们的生态环境中（水、陆、空）一直活下去。蚂蚁是这样，蜜蜂是这样，猫是这样，狗是这样，连大象也是这样。人类和这些与我们分享这个星球生物空间的其他地球物种不同，我们似乎不知道怎么活下去，因为我们不再仅仅依靠本能而生存。建筑、绘画、电影及时尚等艺术形式的风格处于不断变化之中，我们对生活的想象也因此各不相同，这就是症结。

综观人类历史发展的跨度以及地球疆域的广阔，我们总是发现自己并非只是被置于某个特定的、自然舒适之所，而是在一个复杂的文化环境中。这个文化环境是我们父母在我们出生之前就已经选定的。在普遍的两性繁衍过程中，所有已出生的人都是 X 和 Y 染色体随机组合的结果。随着我们在特定时间、特定地点接手了人生的任务和抓住了人生的机遇，物种的一般性很快就变得模糊起来。我们很快就发现我们不只是某单个家庭的成员，而更是特定群体的成员，如因语言文化、伦理观念、种族类型、宗教信仰、社会阶层、政治立场、家庭传统，甚或艺术学派（针对本书读者而言）不同而分属不同的群体。如何成为这些广泛不同的文化团体中新的成员一直是摆在我们每一个人面前的重要问题。艺术世界的纷繁多样给我们提出了这样的问题。

本书认为无论是拉康说的话还是写的文都能为我们有关生活、艺术的根本问题提供有效的解决方略。就我对拉康的解读而言，问题的关键在于认识到这些问题是向谁提出的，又期待谁来解答。拉康的经验就是：我们的问题总是给另一个人提出，我们认为这个人知道答案，这个人可能是我们的父母、老师、医生、牧师、朋友、爱人，甚至是我们的敌人。归根结底，我们的问题是提给这些特定他者之外的广义的文化秩序中的"大他者"。我们降生于这种文化秩序之中，在其中接受教育。不管愿意与否，我们都必须加入其中，必须努力用这种文化秩序特有的各种说法为我们反反复复提出的问题制订答案："你对我有什么要求？""你希望我成为什么样的人？"

对拉康而言，这些有关存在主义的问题已由弗洛伊德分类。他开创性地尝试减轻病人的心理痛苦，因为现代医学既不能为这些病人身上神秘的外在症状提供任何生理阐释，也无法确保治愈。弗洛伊德从他病人的故事中了解到他们真实的痛苦，而且我也相信他们焦虑不安的问题依然与今天的我们相关。"我是女人还是男人？"像这样基本的问题是由那些所谓癔症患者提出的，他们固执地抵触扮演传统意义的男人或女人的标准角色。"我是活着还是死了？"这样的问题是所谓的偏执狂提出的，这种人顽固地坚持完全按照社会规范扮演标准角色。无论是癔症者还是偏执狂，关键问题都涉及基本焦虑。这种焦虑缘于神秘的欲望，即将权威的代表们的要求奉为神明的欲念。这些权威的代表们包括父母、教师、老板、导师、官员、编辑、批评家、牧师、犹太大学者、阿訇、道士、印度教的上师等。

每一个单独的个体都想知道，其绘画所描绘的"他者"也许想从他或她这里得到什么？患有癔症的人想象"他者"想让他或她成为什么，然后对此加以抵制，这是他们对这种基本的担忧所做出的反应。这种抵触就如同先锋派艺术家拒绝遵守当今艺术原则的标准。偏执狂可能是视觉文化世界中的学院派艺术家。他们对想象出来的"他者"的渴望所做出的反应是无论如何要维持正常秩序。当今在临床治疗过程中，不管提问者是癔症者还是偏执狂者，精神分析师最终都努力传递的信息是：没有必要抵触也没有必要坚持，按规则行事。原因很简单，我们认为知道人生根本问题的答案的"他者"事实上是不存在的，就好比众所周知的愿望必定总是战胜每个人自己的欲望。精神分析的对象总是先把"他者"欲望想成有约束力的白日梦，最终再将其抵消。在这个漫长而痛苦的过程中，他或她最后发现他或她是真的有自由尝试成为他或她渴望变成的与众不同的样子。在人类肉体存在中，我们必须承认，这种欲望的自由有真正的局限，但它不是常规的传统性局限。最伟大的艺术家都知道这一点。

拉康没有把我们置于自然本能的铁掌中，而是置于有韧性的文化的掌握中。他把人类的经验分为三类，在这本书中我会努力赋予其生命，使之发挥其作用。现在，当你的眼睛扫描这张纸（要是上面没有字就是白纸一张），你看到了这些我们称为字母的黑色标记，然后你的大脑开始将其解码，我们就会以各自不同的方式沉浸在拉康所界定的经验的三维中，即现实界、符号界和想象界。这些字母的形式是图形，或称为能指［拉康借用瑞士语言学家弗迪南·德·索绪尔（Ferdinand de Saussure）的术语］。能指将视觉认识域（拉康认为它属于想象范畴）调动起来。这些词句的意义也是图像——心理图像，即所指，参与话语理解之有区别意义的互动中，拉康将其命名为符号界秩序。最后，字母的视觉形状和单词的字面意义与无标记的空白形成的反差使得它们在脆弱的统一体中脱颖而出。但无标记的空白是不可缺少的基础，它本身既不能视觉化也不能词汇化。页面的空白就如同人体没有为语言标记、世界没有被绘制成图之前的空白状态，被拉康神秘地列为"现实界"的标志。拉康这个怪诞的悖论是说人们只有在回顾过去的时候，"现实界"才能出现。只有当其最初的无标记的完整性彻底消失在想象和符号标志的图示和题记中，而且无法还原时，"现实界"才会出现。然而，有时候，就像纽约的"9•11"恐怖事件和伦敦的"7•7"恐怖事件，"真"的惨绝人寰突然强行闯入，给人们造成重大精神创伤，动摇了我们所熟悉的世界，破坏了其由想象与符号构成的坐标系的稳定。

把"现实界（Real）""符号界（Symbolic）"和"想象界（Imaginary）"三个字首字母组成的缩写词 R.S.I. 用法语读，发音就像 hérésie（即英语中的 heresy，意思是"异端邪说"）。在这个口头双关语中，物质形态及其非物质的意义纠缠与拆解是一个再普通不过的拉康式的异端邪说的例子。它断言这三个等级完全包括人类经验的全部真理。事实上，根据拉康的说法，虽然它不是全部真理，但就像他经常坚持的，真理就在像这样严肃而有意思的胡言乱语中。语言所指的引入使我们从自然繁殖的动物物种转变为有不同文化规范和历史传统的人类族群。由于这种变化，在这个世界上，我们已经失去了与任何完全依赖本能的物种直接交流的可能。作为有视力的生命，我们唯有直面这个世界原始状态丧失的事实——在具有补偿性的视觉图像的注视下面对这样的事实。我们的文化既让我们面对这些图像，又通过这些图像安慰我们。作为言说主体，我们得用符号的字面意义对我们自己做出暂时的解释，而我们的语言则是运用这些符号跟我们讲话，也用它们装扮我们。但作为肉体的存在，我们要忍受令人痛苦的空白，它无声无息而又无影无踪地框定不稳固的、错综复杂的文化形态（我们就挣扎着生活在其中），但最终又将其解构。

那么为什么要选择拉康？是为了获得自由。

拉康如何破解《达·芬奇密码》

从自我、超我和本我到想象界、符号界和现实界

L 图式

从想象界的母亲到符号界的父亲

竖起的手指

第一章
拉康如何破解《达·芬奇密码》

为了阐明列奥纳多·达·芬奇作品的独特性，弗洛伊德选择研究其潜意识的幻象。而拉康却选择研究达·芬奇的艺术作品来说明普遍适用的精神结构和肉体结构，并期望在其精神分析教学中将之阐发清楚。弗洛伊德对列奥纳多的研究体现于其所撰传记体专著《达·芬奇的童年回忆》中。弗洛伊德认为书中的达·芬奇作品的形象及创作主题适宜采用事实，即有关艺术家生活中的所谓潜意识性事实来说明。拉康在1957年系列讲座末期，讨论了弗洛伊德对达·芬奇的研究。笔者将会更多地谈论拉康执教了近30年的研讨会的教学氛围。不过，眼下我们还是简略地回顾一下拉康的早期教学。

从自我、超我和本我到想象界、符号界和现实界

1953—1954 年是拉康公开授课的第一年。在此期间，拉康的主要精力放在了研究弗洛伊德所写的关于精神分析方法的文章上。为了将治疗病人时所遇到的两级经验区分开，拉康花了大量精力进行研究。这两级经验就是：欺骗性的想象和真实的言语，他将两者分别称为想象界和符号界。对这两级经验的区分正是拉康这期间对解决国际精神分析学界的争端所做出的贡献之根本所在。拉康认为此二者皆为人类构建经验的方式，只是想象界以想象为基础，符号界则以语词为基础，都以他称为的现实界为基础。

拉康的这一由无言的实体性、冻结的想象以及流动的语词构成的转换辩证关系为我们提供了一个丰富的、三位一体的范式，区分了艺术品的实体材料、幻觉形式以及推理意义。拉康认为想象界存在于个体大体上有意识但扭曲地构建自己和他者视觉形象的过程中。弗洛伊德则认为想象界存在于所谓的"自我"（德语中主格的"我"即 Ich 或 I）之中。

在《自我与本我》（1923）一书中，弗洛伊德假设人体中存在一个心灵机制，由各司其职的 3 个部分构成。本我（或曰"它"）是欲望驱动力假设存在之所（法文中用 Trieben 一词表示），也是代表着抽象意义的不同人体原始本能的存在之所，包括人体器官渴求营养的本能、被性吸引的本能和侵略性的自卫本能。而自我则承担着艰难的协调任务，即调和欲望驱动力即时释放愉悦的需求与社会要求对个体的种种推延和制约。这些需求是在所谓的超我（法语和英

语的字面表达分别是 Über-Ich, or Over-I），即内化的社会规范指令的作用下，通过自我和本我间部分有意识和部分无意识的互动产生。因此，弗洛伊德对心灵机制的三重定位，可以大致地对应拉康的三界说，即想象界（自我）、符号界（超我），以及现实界（本我）。

拉康对自我理论的杰出贡献就是他构想出了自我产生时的视觉情景。基于童年时在镜中瞥见的陌生而又有诱惑力的形象，拉康认为自我是在母亲令人尊敬的言行举止影响下，以及个体所敬爱的同龄人（比如兄长或姐姐，个体最终会在抵制和效仿中认可自己的兄长姐妹）的动作影响下，逐步清晰起来的。从各个世纪的众多艺术作品中所反映的母子关系，我们能看到这种成长期中的互动，尤其是在 18 世纪末，日本木版画大师喜多川歌麿（Kitagawa Utamaro）的彩色作品中，以及 19 世纪美国印象派画家玛丽·卡萨特（Mary Cassatt）的铜版画和粉彩画中，这种现象更是常见。与这种私下的特有母婴关系相反，符号界的规则是由儿童在认识外界文化意义时形成的。拉康认为外界文化意义是与父亲的言语相联系的。比如，对那些向拉康寻求治疗的精神病人来说，治疗的原动力就是在这位精神分析师的面前，把自己心灵和肉体上挥之不去的折磨毫无保留地说出来。与此同时，分析师突如其来的干扰会不时地打断病人，令其困惑不解，这种能动地调研能指①的目的就是帮助患者生成一套新的符号界意义，以超越母性的理想

---

①能指是一个声音形象，比如一个词的读音。所指则是一个概念。比如，牛的读音是能指。所指就是牛这个动物的具体概念，人们对牛的认识和印象。——译者注

世界，并使之不再沉迷于想象界的自我之中。

在第二年的研讨会上，拉康继续解读弗洛伊德的自我理论。拉康坚持认为当婴儿发现自我为他我时，其含义是疏离。镜像阶段的婴儿认为镜中的我是母亲。镜像阶段（阶段一词在法语中为stade），是婴儿成长过程中，一个很快就会过去的阶段，但这个阶段也是人的一生中所有心理冲突和矛盾上演的舞台。为了清楚说明镜象阶段中本我与他者这一对概念的动态变化，拉康重新探讨了弗洛伊德未充分展开的区分超我概念的两个不同方面：一方面，是理想自我，即形成中的自我向往成为想象界的小他；而另一方面，是自我理想，即符号界言语地位，自我渴望被认可为符号界言语地位的完美典范。自我从其核心之处分裂，分离出"他我"，这个他我建立于自身之外的视觉典范的基础之上。如果这种分裂是对自我的一种伤害的话，自我被导向以下这个不可能实现的方向则是一种耻辱，即通过理想的自我打磨使自己永远踏上完美成功之路。这样，渴求的自我与异化的自我之间的二元关系同时也是一个对立的关系。在个体中，就隐约地存在着内化的他我（即我现在观察到的我）与理想自我或他人的镜像（即我想变成但也无法变成的我）之间的僵持状态。

为了帮助个体摆脱这种令人麻痹的视觉对峙状态，拉康取而代之，主张在言说主体与另一他者（大他）即自我理想之间建立平和的关系。拉康将第一个他者定义了为小他者，用小写的"a"表示，a取自法语单词autre（"其他"的意思）。"a"是镜中显化的相似者兼竞争者形象。而第二个他者（大他者），拉康则用大写的"A"表示，A也是取自 Autre。缺少具象的大他者是一个客观的词汇仓库，我们都生活在这个仓库中，哪怕我们在表达内心最深处的想法时，也不可能脱离这个词汇库。许多人都错误地认为内在自我是在镜像阶段中的想象界的他者的基础上建立起来的。拉康一直在努力驳斥这一谬论。而他所提倡的替代理论则是：内在自我就是潜意识的主体，即符号界的言说主体。

我们可以看看拉康的朋友毕加索在刻画他的青年情妇玛丽·泰蕾兹·沃尔特时，是如何不断地游离变换的。《镜前的少女》(*Girl Before a Mirror*，1932，纽约现代艺术博物馆藏)表现出了一种面对想象界的小他者时的焦虑；《读书少女》(*Girl Reading at a Table*，1934，纽约大都会艺术博物馆藏)则表现了一种对符号界的大他者（即语言）的妥协与认可。在第二幅作品中，其情妇头上戴着花环，她脑后的墙上则悬挂着一面黑乎乎的镜子。

拉康坚持认为在自我的想象界中存在自我与他者的危险对立，这么做其实是扩展了弗洛伊德在达·芬奇童年回忆录中对自恋症（既自爱又自厌）的解读。语言或许可以消除想象界的错误感知，但拉康在探讨语言主体的符号界意义产生资源时，宣称忠实地回归了弗洛伊德的基本理论。

L 图式

人总是习惯通过看图来理解道理，为此拉康构建了一幅经典图式。在图中，他构建了想象轴与符号轴，即有意识的经验和潜意识的经验之间复杂的交叉关系。这个图式被称为 L 图式，因为它很像希腊文中的第 11 个字母（而 lambda 正是这个字母的法语读法，故用大写字母 L 表示）。不管是心理学的入门者还是专家，不管他们是习惯看文字还是看图，他们都可以利用这个图式来帮助自己构想并理解精神分析学中重要的一课。在平时的讲座中，拉康会在黑板上画各种辅助图像，这个 L 图式为其中之一。图中的想象关系是一条情感相互作用的直线，连接着异化的他我（a）与无法获得的小他者的镜像（a'），即理想自我——个体认同并试图模仿和取代的对象，却终将徒劳无果。为了方便理解，可以设想有一名画家（a），一边注视着他在镜中的镜像（a'），一边在画自己的肖像画——这种三像并存的场景就是源自著名美国插画家诺曼·洛克威尔（Norman Rockwell）于 1960 年刊登在杂志《星期六晚间邮报》封面上的一幅画（《三人自画像》）。最后的结果就是，画家面对着自己既虚幻又模糊的想象界镜像，他所画出的自画像必定会牺牲掉他作为现实界和符号界存在的真实性，因为这两者是无法完全从他的外貌上体现出来的。不过，时年 66 岁且身体不便的洛克威尔却使用了一些符号性的艺术精品对其自画像进行了补充。比如那幅画中的镜框上有只镀金的美国白头鹰，而画架上则有一顶金色的头盔。镜中的他戴着一副眼镜，十分诙谐；但在画上，他却没有戴眼镜，而且双眼明亮。通过这些手法，洛克威尔证明了，如果只是记录想象界的相似自我，并不需要完全如肖像自画家渴望描绘的样子。光滑的镜子上除画像外一片空白，但在白色的画布上，洛克威尔毫不避讳地用黑色的粗字体写下了自己的名字。

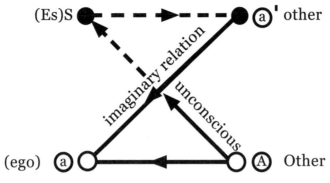

图1 L图式

在拉康的 L 图式中，他我与理想自我的镜像相对应，即 a-a' 的对角线；而穿过 a-a' 对角线的就是符号界的一对关系，即中断的 S-A 的对角线平面。建立 S-A 的对角线的意图就是要跨越言说主体（在英语和法语中，主体首字母均为 S，故言说主体用大写的 S 表示）和自我理想中的大他地位（用意为"他者"的法语单词"Autre"的首字母 A 来表示）之间差距。自我理想中的大他就像是一个远古文物埋葬地，里面埋藏着我们珍贵的文物和语言，永远开采不完。要跨越主体与大他之间的差距，中断的 S-A 对角线向量必须要跨越想象界的障碍，即语言墙。通过语言，主体对文字潜意识的理解便凝结为了有意识的东西，就像是砖块一样的一个个客观的符号（即单词）。用于指代潜意识的自由言说主体的大写首字母 S 的发音与德语的 Es 发音相同，这是弗洛伊德经常用的词，意思相当于"它"（相当于英文中的 It）。在译成英语时，被英文译者误译为了拉丁文的"本我"（即 Id，该词听起来更像是科技词汇）。而拉康的再度翻译，将其解读为存在于人的言语中的内在精神，这种精神是由潜意识本我驱动的，因个体本能生活直接性的缺失造成的紧迫而产生。

对镜子前的画家来说，主体的潜意识指向语言仓库（表示为 S--/--A），这就好比他（或她）在虚拟博物馆展出自己的画作，与那里的大师的自画像并列。在洛克威尔的画布上，还钉着几张彩色的自画像，有阿尔布雷特·丢勒（Albrecht Dürer）的、伦勃朗·凡·莱因（Rembrandt van Rijn）的，还有文森特·凡·高（Vincent Van Gogh）的自画像。此外，还有一张毕加索的超现实主义女模特肖像画，画中的墙上挂着一面镜子，从女模特身后可以窥见毕加索的身形。说话的主体，或是绘画的画家，若是想要通过独特的文字或图像的选择及组合来表达其独一无二的存在，那么他（她）就欠下了一笔无法偿还的债，因为他（她）借用了人类集体智慧宝库中的宝物——语言艺术瑰宝，以及传承下来的意义表达方式。

通过那幅十字交叉的图式，拉康展示了可见的自我、显现的小他、言说的主体以及沉默的语言大他之间相互交叠的关系。同时，通过这种展示，拉康为我们揭示了一个具有讽刺意味的事实，镜中看到的单一的镜像并不是我们的全部，凡是我们用双眼扫视，在那一瞬间所看到的东西，也不是我们的全部。通过这张示意图，拉康其实是告诉我们，只有通过主体间性①和流动的言说载体（即语言文字），精神分析治疗或者艺术创作才有可能帮助患者或画家及时充分释放出自我的潜能。然而使用文字或是他者的镜像，我

---

①主体间性是拉康提出来的，他认为，主体是由其自身存在结构中的"他性"界定的，这种主体中的他性就是主体间性。——译者注

们或许会不可避免地偏离最初始的天赋的经验。但是，只有通过这种人与人之间的语言交流或是与大他者的艺术交流，我们才能找回自己感觉已经失去的些许生命能量的碎片。

在公开授课的第三年，拉康重新开始讨论弗洛伊德关于精神错乱的著作，目的是生动地描述语言缺陷这一疾病。有人被严重语言问题所折磨，是因为他们受到外界声音的困扰，并非因为患神经疾病而引发愧疚的内心反责。然而，这个过程并非没有后遗症。一方面，歇斯底里者反复重启母亲的想象界创伤，即母亲自身机能失常性菲勒斯缺失。这样个体就会抵制父亲对性别角色的管制，并且就性特征直接测试自己这样一个无确定答案的问题："我是男还是女？"另一方面，个体会陷入强迫症中，不由自主地对父亲至高无上的菲勒斯产生幻想，表现形式就是强迫症式地重复一个仪式，或是脑海里不停浮现父亲的权威。这样便避免了直接面对一个无法解决的生与死的难题："生存还是毁灭？（莎士比亚的《哈姆雷特》中的名言）"

不管是歇斯底里症式的神经病还是强迫症式的神经病，都是因为主体放弃了成为想象界母性菲勒斯这一幻想之后，产生了一种失落感。身体上的或是精神上的症状在潜意识中使主体饱受折磨，从而让主体对自己的缺失感到哀痛。但与此同时，随着父亲的角色越来越重要，开始在想象界（婴儿期）之外的领域发挥作用（即符号界），主体作为独立言说使用社会共用的语言的能力日益完善，从而获得了一种象征性力量，用以否定母亲的神秘欲望。之所以会精神错乱，是因为这种关键的父亲的作用并没有充分施展开，即没有完整地将主体从对母亲欲望的想象界幻想之中剥离出来。这一符号性阉割的失败，以及失败会影响到主体性，这两个因素可能会导致主体产生对被肢解的偏执妄想，或是妄想获得菲勒斯至高无上的权势，但是拉康认为关键的因素是因为缺少父性否定的菲勒斯能指，而所缺少的这一东西很重要，它或许可以抑制主体回归母亲的欲望。在法语中，"父亲的名义"（le nom du père）读起来就像是英文中"父亲的否定"（father's 'No'）。

符号认同无非就是由"无与名"（Non/Nom）构成的。它的在场与不在场中存在两种截然不同的命运，神经过敏者要么用强迫症式的思考或以歇斯底里症状来成功（相对来说）管理那些不容于世的欲望，要么患上更严重的精神病——精神错乱。然而，神经过敏者拥有一个足够稳定的认同形式，可以使之承受住许多令人纠结的难题。但精神错乱者却没有这样一个稳定的身份认同，因此排除了在基础框架（即大他的社会规则）下与他人进行有意义的对话的可能性。主体是第一位，母亲是第二位，但是我们只能通过大他/父亲的语言进行交谈，这也是我与母亲之间共享的第三者。因此，我们（在《三人自画像》中）看到，孤独的画家在画布上艰难地创作着，处于两难的境地，焦虑万分：一面是他在怀旧的母性之镜中所看到视觉肖像；一面是尚未完成的自画像，准备呈现给父性的大他。现实界的肉体存在、想象界的爱、符号界的认知，这三者对应着我、母亲、父亲。所以，我们每人都实为三人一体。

精神错乱者并没有稳定地认同父亲社会领域的锚定能指，所以其符号界并不完善。这样一来，精神错乱者就又被拉回到了万有引力的吸引中，即想象界的可怕幻象不断出现——母亲是有菲勒斯的，是无所不能的。这种可怕的幻象即吸血鬼似的幻象，多少个世纪以来就体现在男性作家对蒙娜丽莎微笑的反应中，在他们看来蒙娜丽莎的微笑令人困惑不安，血液凝固。在拉康看来，列奥纳多·达·芬奇的一生，至少在部分上也是带有这种因父性不足，母性占支配而产生的焦虑。精神错乱者的内心世界是撕裂的，但达·芬奇则不同。通过艺术结构，使用象征符号把母亲、父亲和自我固定下来，虽然不太牢固，但他的内心世界或多或少还是一个整体。在后期的一次研讨会上，拉康讨论了詹姆斯·乔伊斯的语言艺术革新，当时拉康谈到艺术作品是第四者，因为艺术作品将想象界、符号界和现实界联系到了一起（否则，三者就会分离），为艺术家提供了十分重要的表象上的自我一致性。在本书收尾时，我们会探索一下拉康是怎么谈到这一点的。

从想象界的母亲到符号界的父亲

1956—1957 年那场关于客体关系①的研讨会曾在夏天休会。但在休会之前，拉康扩展了弗洛伊德对达·芬奇的解读，与听众们对此进行了深入探讨。美国精神分析流派（即自我心理学派）的理论和治疗重心在于加强自我的防御机能，以抵制破坏性的压力，也就是潜意识里被压制着的性

----

①指的是孩子与其生活中重要的他人或爱的客体，尤其是与母亲之间所形成的关系。——译者注

欲和攻击欲。但英国客体关系学的理论则不同，该学派理论的重心在于加强个体的人际关系，以抵制潜意识中内化的客体的分裂作用。这些被人潜意识地内化的客体代表着此人早期生活经历中出现的人或这些人的一部分。

在想象界的层面，拉康认为达·芬奇的鸟尾之梦掩盖了这样的一种意识：达·芬奇的母亲被他父亲遗弃后，把达·芬奇当成了一种补偿的爱的对象，并过度干预了达·芬奇的世界。弗洛伊德假设认为，达·芬奇之母自私的欲望（也是假设）对年轻的达·芬奇造成了创伤。拉康也支持并加强了这一假设。但他的论据不同于弗洛伊德。弗洛伊德错误地使用母秃鹫的古老传说①来解读梦中的那只鸟。但拉康选择用母鸢②的传说来解读。达·芬奇也在他的笔记中记录过母鸢嫉妒并虐待自己幼鸟的传说。拉康非常熟悉学术界对弗氏解读的质疑，当时还引用了美国艺术史学家迈耶·夏皮罗（Meyer Schapiro）刊登在《思想史杂志》上的文章。

拉康反对客体关系理论中理想化的母子二元关系，他坚持的是三者合一的理论。除了拥抱孩子（这是母子间共生的）的欲望之外，母亲的欲望中还渴求某一缺失的事物。而这个缺失的事物则就由她丈夫，即孩子父亲的菲勒斯来代表。父亲的菲勒斯这一概念拓展之后，就成为符号界的能指。由此，菲勒斯作为言语的能指，虽然不能作为一个实物显现出来，但是可以作为一个抽象的词语填补现实界

---

①神话故事里，秃鹫没有雄性只有雌性，它们由风而孕，进而繁衍后代。这样的神话后来被天主教用来解释圣母的受孕过程。——译者注

②达·芬奇记录的鸟是 Kite, 所以应为鸢。——译者注

的空白。以比喻的手法，用父亲名义的符号界菲勒斯来替换掉母亲欲望的想象界菲勒斯。这种做法就是符号性阉割，因为其意指正好切入了现实界缺失的物质。

想一下登记人员在出生证上签下你名字时所用的那支笔。想一下石匠在你的墓碑上刻下你名字时所用的那把凿子。

不同于弗洛伊德，有了上面那番想象后，拉康并没有从圣母玛利亚的微笑中看到想象界的母子伴生关系重建的喜悦。玛利亚之所以喜悦并不是因为她在自己儿子身上看到了想象的菲勒斯。相反，拉康强调并认为是父亲的符号界菲勒斯发挥了积极作用。即在画中，圣子正在和羔羊嬉戏（就好比马匹之于小汉斯）[1]，羔羊就代表着父亲的符号界菲勒斯。圣母玛利亚的爱子耶稣，代人受罪之后，就从上帝的羔羊[2]转变成了为人类牺牲的上帝之子。从有形到无形，想象界的圣安娜、处女玛利亚以及婴儿耶稣的人类三位一体就被符号界的神灵三位一体所取代。神灵三位一体就是指，上帝是圣父，钉死在十字架后又复活的基督是圣子，而无形的圣灵昭示着教堂无处不在，灵魂永垂不朽。耶稣为拯救世人而代人受罪虽然令人悲痛，但却是必需的。这一点也体现在了画中。画中，玛利亚带着欲望地伸出手，想要抓住自己的儿子，但她的母亲圣安娜表情冷漠，一只

---

[1]弗洛伊德认为小汉斯把马匹当成了阳具的代表，而小汉斯又目睹了马匹死亡，于是他将马匹和阳具联系在了一起，因此患上了马匹恐惧症。——译者注
[2]上帝的羔羊：《新约》中对"基督"的称呼，因其牺牲而得名。——译者注

手在身后阻止了她女儿，让她的外孙去履行羔羊的使命——为保全羊群而去牺牲的使命。弗洛伊德认为，在这幅作品中，达·芬奇想要在想象界的层面还原其母亲失去的欲望之笑。但拉康则认为，达·芬奇所想表达的是母子间在符号界的分离。事实上，每个人，不论男女，都要独自经历这个分离过程，并迈向共同的终点——死亡。当然，弗洛伊德也好，拉康也好，两人都未宣称达·芬奇在创作时就意识到了他们两人所解读出来的潜意识含义。

竖起的手指

　　拉康不仅在卢浮宫赏画时从达·芬奇作品中找到了移置（从与母亲之间的想象界关系到与父亲之间的符号界关系）的存在，也在英国伦敦国家美术馆收藏的达·芬奇早期就同一主题创作的巨幅画作或底图中（创作于1499—1500，见图2）①找到了移置现象的存在。画中，婴儿耶稣坐的位置十分怪异，看起来像是从母亲的身体里伸展出来的一个牵线木偶，在母亲的两腿之间向上弹起。弗洛伊德对此做出注释，他认为这就像是两名母亲的身体梦幻般地融合在一起，变成一个混合的幻想。画中，圣安娜竖起食指，

---

①达·芬奇就圣母子、圣安娜创作了两幅作品。其中一幅是用炭笔绘制的草图。——译者注

图2 列奥纳多·达·芬奇 《圣母子与圣安娜，施洗者圣约翰》[1]（1499—1500）

象征性地指向画面之外的上帝／父亲的领域，而耶稣又注定要以上帝／父亲的名义进行牺牲。圣安娜的这根手指补全了母亲身体所缺失的想象界的菲勒斯能指。拉康的全部解读则如下："这幅画很好地呈现了现实界的母亲与想象界的母亲、现实界的婴儿与隐藏的菲勒斯之间的模糊性。我若是要把手指作为菲勒斯的符号，那也不是因为手指在外形上略似菲勒斯，而是因为可以发现，在达·芬奇的所有作品中，手指都指示着一种存在的缺失；而从这种缺失中我们总能找到嵌入达·芬奇所有作品的一个概念——菲勒斯的缺失。"而指向无形的手指，拉康也从尝试回答关于想象界母亲菲勒斯的神秘问题（我有没有看到母亲的菲勒斯？）转向了解答符号界的父亲的菲勒斯。符号界的菲勒斯并没有实体，只是一个概念，但却是一种不可缺少的、完全盲目的信仰。

　　圣安娜那只竖起的手指是在封闭、虚空的纸面上用最

---

[1]圣母子指圣母玛利亚（左一）和圣子耶稣（中）。圣安娜（左二）是玛利亚之母；圣约翰（右一）即是耶稣的表兄，也是为耶稣洗礼的人。该画是达·芬奇用木炭创作的素描，收藏于伦敦国立画廊。——译者注

简单的线条勾勒出来的，就像菲勒斯一样可以从身体上拆下来，因而很容易被挪用为符号界的符号。也因此，这只手指简明地概括了人的成长过程中最根本的两难境地——在儿童时期，父亲的角色是间接推测得到的；而母亲的角色却是直接观察得来的。那只手指所指的东西超出了画框，这就告诉我们视觉艺术作品所包含的东西总比你双眼看到的要多。感官领域所获得的任何审美经验都在无形中受到符号界的约束。这一约束就是人共同享有的社会意义，该意义是无法被压缩成对世界的视觉表述形式的，而且这种表述形式也是无法用经验来验证的。在此我们又一次揭示了代表视觉感知器官的"动物眼（animal-eye）"与代表欲望情感器官的"人类我/眼（human-I）"之间的分裂，拉康称后者为"凝视"（因为I与eye同音，如《蒙娜丽莎的微笑》表现的就是充满欲望的"凝视"）。

在解读达·芬奇的同时，拉康也对弗氏精神分析哲学的基础，也就是升华的概念提出了质疑。在弗洛伊德看来，达·芬奇潜意识里想要寻回所失去的爱，但这一诉求没有得到满足，于是他从有关微笑的画中得到了替代性的满足，这便是他的升华。相比之下，拉康对于达·芬奇的个体心理活动关注得较少。拉康认为升华是人类社会一个普遍的现象。他认为，通过人类社会，符号界的能指网络覆盖了想象界的感知经验；而这些能指，一面指向了人过去的现实界的原初存在，一面指向未来，即意味深长的人之死。在犹太教与基督教文化中，上帝之名就化为了符号界的父亲的名义，大自然女神则是对母亲的欲望的想象界的描述；前者有着支配后者的权力。然而，弗洛伊德和拉康两人虽都不是这两个宗教的信徒，他们却以世俗学者的身份继承了上述文化传统，研习了两教的经典。不过，很明显，两人都很喜欢达·芬奇创作的这幅以罗马天主教文化为主题的艺术品；两人也都被圣母的美丽脸庞吸引住了。弗洛伊德为之感动的是画中的母性幻影——她们脸上挂着的雌雄同体的喜悦。弗洛伊德认为达·芬奇将这一点表现在其画作中男女人物（从圣安娜到施洗者圣约翰，相关作品也藏于卢浮宫）的脸上，显示了他的自恋情结。然而，拉康更多的是被圣子及圣安娜的食指所打动。画中，两人的食指明确指向了无形的领域，即天堂的凝视（超越了双眼所获得的感官愉悦）。尽管存在着这一潜在的父性身份，但拉康仍坚持认为达·芬奇更多的还是认同了想象界的母亲（自然世界中获得的身体愉悦），而不是符号界的大他（肉体的死亡和精神的纪念）。拉康认为达·芬奇的这种母情固恋（而非同性恋的身份）是他的倒转。而这里，拉康所定义的倒转就是指达·芬奇独特的镜像书写习惯（即所写的文字是反向的，只有照在镜子里才是正常的），仿佛他写的字不是给照镜子的自我看的，而是写给镜中回眸视之的理想他者（理想他者通过母性的矩阵来审视自我）看的。在笔记中，达·芬奇记录了他的日常活动、艺术创作的抱负以及科学方面的抱负，但他总是习惯性进行倒转，把自己放在想象界的镜中小他的位置，并用第二人称"你"来称自己。

现在即将总结本章，笔者希望再看一下 L 图式。根据 L 图式中的想象界线和符号界线，拉康记述了达·芬奇这位文艺复兴时期大师的镜像倒转。我们将符号界的羔羊置于（L

图式中）左上角的 S（潜意识的言说主体）处。基督作为上帝的羔羊而做的牺牲，言说的主体也一样必须要经过符号界的阉割。而符号界的功能即是弗洛伊德所说的死亡驱力（又名"死欲"）。因为有机体的现实界必须要通过借喻的方式被消灭，这样才能对非人的言说机制进行语法归纳，获得人性。透过圣母、圣子间的镜像凝视（a-a'或宾格的我—你）这一脆弱的想象界薄膜，没有实体的言说主体必须要从父亲词典中找到大他的空间，主体必须在此找到其符号界书写中非个人化表述（主体 --/-- 大他，我 --/-- 它）。在达·芬奇的画作中，圣安娜竖起的食指这个像坟墓一样的标志占据了安息之地。

达·芬奇画作中，羔羊和圣安娜之间就构成了符号界的轴线（S--/--A）。这一轴线就代表了附加的双重死亡，一是现实界的肉体消亡，一是文化记忆之来世里的符号界书写之不复存在。说到底，这幅画是由凡人画家之手创作的，而不是神灵的作品。穿过画中这条符号界轴线的就是想象界屏障（a--a'）。这层屏障上投映着自我以及理想伴侣的爱与悲的形象，即圣母与圣子。婴儿耶稣以及圣母玛利亚两人都可以永生，免受肉体死亡的厄运。而我们发现，我们总是被两人笑容中的美丽自我所引诱。也正是通过倒转的女性角色，即处女玛利亚这一理想自我，达·芬奇才将自己视为一个客体，一个雌雄同体的他我（a--a'）。这种将肉体的自我重新界定为女性欲望或女性化他者的想象界对象的行为，拉康将之定义为达·芬奇的升华。也是通过这一行为，这名文艺复兴时期的艺术家将自己转化成了一件令人崇敬的艺术品。最后，他带着自己的画作奔赴法国①，开始了人生最后一段旅程。据传，他最后在法国国王的父性怀抱中结束了自己的一生。

　　在拉康看来，达·芬奇付出了很大的代价，才在美丽圣母的不朽微笑中完成了想象界的自我升华。达·芬奇将自己想象地升华为了圣母所珍爱的对象，这就包含了对父亲的真理的否认，也就是说他否认了他其实也是潜意识欲望的珍贵主体以及符号界的言说的主体。

---

①达·芬奇人生最后的 3 年，受弗朗索瓦一世的邀请，移居到法国的昂布瓦斯。弗朗索瓦一世赠予他克劳斯·吕斯城堡作为居所。——译者注

第二章

The Second Chapter

另一世界来"物"

第二章
另一世界来"物"

　　"你在看什么？你在看我吗？你看我是否就意味着把我当成欲望的对象——兼为爱的受益人与兽欲的牺牲品？"我们在面对蒙娜丽莎或类似画作中盯着我们看的目光时，会不自觉地提出林林总总的类似问题，都是些无法回答的问题。大量的蒙娜丽莎姊妹画作包括瞪大眼睛的《拜占庭式圣母像》、爱德华·马奈（Manet）的《奥林皮娅》（1863，巴黎奥赛博物馆）、巴勃罗·毕加索的《亚维农的少女》（1907，纽约现代艺术博物馆）、威廉·德·库宁（Willem de Kooning）的《女人我》（1950—1952，纽约现代艺术博物馆）、安迪·沃霍尔（Andy Warhol）的《金色玛丽莲》（1962，纽约现代艺术博物馆）、珍妮·萨维尔（Jenny Saville）的《大牌》（1992，伦敦萨奇画廊），辛蒂·雪曼（Cindy Sherman）于20世纪90年代创作的很多大幅无题彩色摄影作品也在之列，在这些作品中作者利用传统圣女和蛇蝎美女的伪装，表明自己的视角超越了艺术史观的限制。你是否希望展示凝视时的恐惧与不安？我是否是那个有眼力看到这些的人？

我们想要艺术品为我们确证：我们希望实现存在的统一，即我们想要艺术品看起来把我们当成它理想的欣赏者。但这是一种虚幻，因为当我们走开，另一位观者走过来站在我们先前的位置观赏艺术品时，我们会意识到那幅画根本就不是以我们自己的肉体存在的特有方式注视着我们。这幅画使自己凝视他处，即那个虚空的艺术观赏者的象征处，我们的主观性会来去于此。霎那间，作品会凝神注视我们，吸引着我们的注意力，我们的眼睛和"我"一同得到安抚。这就是拉康所说的艺术创造原则——我们所看到的艺术世界就是我们的欲望世界。然而，我们所面临的窘境是婴幼儿时期欲望的虚幻世界从一开始就错误地构建于他人欲望的神秘踪迹，这个他者或许是母亲，因此我们根本就从未自己表达欲望。

艺术升华

很多年来，拉康教导我们心理分析的目标就是帮助痛苦的个体将压抑或不满的情绪能量升华。对于他们而言，极其困难的任务就是弃绝与母性天堂的联系，即与这个想象的、已然不在的身体福地的联系，转而通过象征认同接受某特别社会群体的集体理想。传统上，父亲负责将新手引入该群体的规范之门，但使之适应新规范的角色也可由母亲自己以父亲之名代而行之。这种排他性满足感的想象对象就可能被转化为具有创造激情的象征对象。不可能的想象要求之象征性转化的典型例子就是艺术品，拉康在1938年的一篇关于现代家庭生活的变化与转化的短评中将之定义为把平常对象树立为惊奇之光，即"化腐朽为神奇"。主体可能不过锅碗瓢盆之类低级静止的物体，但重新将其形象地设计为有形的能指，不在场的存在，就能够将作品转化为了不起的杰作。

在1959—1960年，即拉康举办公共研讨会的第七年，他在大部分研讨会中探讨艺术品问题。拉康重申艺术升华的劳动阐明了他所谓的心理分析伦理，或曰之分析师之促进患者压抑欲望表达的职责。在心理分析治疗过程中，无意识欲望的象征性表达有可能使复归的诱惑得到艺术般的升华，这种诱惑即为起初的、难以达到的、无形的、不可见的、不可能的欲望对象。拉康因循弗洛伊德将这种神秘的对象称为"物"。

物

弗洛伊德死后，有人出版了他的著作《科学心理学研究》（1895）。弗洛伊德在此书中区分了一种事物（德语中使用的是 die Sache 的说法）与完全不同的另外一种事物（德语中使用的是 das Ding 的说法），前者可以表述，而后者则是无法表述的存在，只能以回顾的方式推知，65 年后拉康在其伦理学中也做了这样的探索。拉康式 Ding（法语词为 la Chose）也与德国哲学家伊曼努尔·康德（Immanuel Kant）所使用的超验"物本身"（德语说法为 das Ding-an-Sich）相关联，如同上帝或宇宙无限性，处于人的经验感知之外。对于拉康而言，此物（Thing）是个回顾性质的称谓，指存在的无名实体，即习得语言之前所涉的全部起初经验。如此一来，还没有这样的"物"，在无法挽回地失去后，才可以即刻通过语言首次传达这种无言的经历。这种能指的侵入人类有机体生命的显著结果是有意识与无意识表述的分裂，此"物"即变成了一个幽灵般存在，徘徊于无意识中，无法命名之。在哈利·波特的巫师世界中，伏地魔（Full-of-Death）就是不可命名的"物"。

在拉康的心理分析世界，母亲被放在"物"的神秘位置上，她是具备语言能力之前的婴儿之"物"，当母亲没有满足孩子的要求如充满爱意的关注，而只顾自己的享受如吃东西、排便，孩子会有挫折感，此时母亲就成了孩子的迷失"物"。如此地独立于母亲的欢愉之外将会超出孩子的接受能力。

这种专注自我、无法得到的"物"就会成为一种不和谐的幻象物，根本无法给予孩子任何满足。这种自治的欲望"物"，从封闭的、具有肉体需要及紧急需求性质的母婴二元性中撤出，既构成了无法平息的欲望的首因，也构成了无法获得的对象。这个"物"也是位于个体和与之相对的心理空间（可能通过对记忆中的形象和词语的想象和象征的中介间接进入）的"无物"。但这个"物"也位于不可到达的"真"的空间之外的个体中，完全在脆弱的图像与词语的掌握之外。那么这个"物"与艺术品有什么关系呢？

在拉康研讨会中始终重复的升华公式中，艺术品被看作否定事物显然现实的东西，将容许词语和图像表征的日常对象提升为无法表征之"物"（即德语中的 das Ding）的境界。在外在声音与内在含义的分裂中，拉康的法德双关语 dignité/Ding（尊严 / 尊物）本身就以语言形式特征展现了既亲密（intimate）又完全疏远（extimate）的"物"之无限接近与远离的双面性，即同一事物同时具有的里面与外面。拉康升华了的文字游戏，在我们读其书面文字或研讨会中口述译文时，其双重性和两面性大多丧失了。正如拉康的朋友兼邻居特里斯坦·查拉这位最早的达达主义诗人所言，拉康是一位杰出的表演艺术家，他的讲座就是他的艺术，此言发人深省。

拉康认为升华中的关键变化并未将冲动的目标由禁止的性对象改换为社会可接受的非性替代品。拉康重申在升华行为中存在着对于对象本身想象的重构，将对象由平凡的外貌转变成非凡的表现形式即"物"。

幻象公式

拉康认同弗洛伊德的社会成员会从艺术幻景中得到安慰，但他并未将艺术的力量归于单纯的社会共识现象。相反，拉康坚持将之归于艺术升华的根本幻象之力。在此，无意识欲望之主体得到安置，直接面对无情的肉体冲动的首因和望尘莫及的对象。拉康将主体与艺术品升华幻景中不可触及的对象并置，可以用准几何形式 $\$< >@$ 表示。希望你们不会因这个数学模样的公式而退却，因为我相信这个公式会很有助于记忆。我写这本小书的目的不外乎是激发你们对这种观点的兴趣，即这个朴素秘密的公式就是你们要了解拉康，了解艺术品所需要知道的一切。

拉康在探讨诸如症状、梦境、口误及玩笑这些无意识行为形成的第五个年头的研讨会中引入了幻象公式。在接下来的一年中，他结合莎士比亚的哈姆雷特详细解析了其神秘公式，在关于欲望及其阐释的研讨会中，他着重讨论了那句著名的、困扰剧中主角的问题——"生存还是毁灭"。拉康在黑板上写满了令人难解的一系列图示，上面既有希腊、罗马字母，也有他自己发明的符号，1960年《拉康作品集》出版，在一篇题为"弗洛伊德无意识概念中的主体颠覆及欲望辩证法"的评论中，他又重制了所谓"欲望曲线图"的完整形式。1977年出版的《拉康作品集选译》收入了这幅图，它虽不为英语读者所深解，却广为其所知。

欲望曲线图

　　这幅图（图3）为拉康的同事提供了一幅难忘的形象，他们使用它来治疗诸如哈姆雷特、莱奥纳多这些为欲望所抑制的病人。作为艺术家和艺术史家，我们无须掌握欲望曲线图中所包含的对心理治疗的所有启示，但通过自己教和写的亲身实践，我相信如幻象公式中包含的关键成分有助于我们厘清艺术品的生产和消费中起着重要作用的基本问题。我会尽力解释清楚，但我对图中一些符号和向量的阐释或许有点不太好理解。如果你第一次尝试，不能全部理解，请不要焦虑不安，继续阅读下一部分就行了。

　　这幅欲望曲线图标注了主体欲望出现的分布情况，如何与言说中的他者的有意识和无意识的欲望表达相交叉。横跨形似回飞棒轨迹的主体欲望箭头的是他者：从能指延

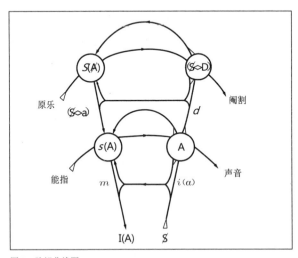

图3　欲望曲线图

伸至声音。下面的箭头从能指的选择延伸至其声音的表达，指明所说含义的层次，在此陈述的有意识指示意义得到清晰阐发。相对而言，上面的从原乐指向阉割的箭头（暂不讨论其定义）标示着无言暗示，在此陈述的无意识内涵仍然模糊不清。正是在担心遭遇他者的有意识与无意识欲望的混合信息的煎熬中，主体欲望形成。

主体欲望之路由一条漫长、环形的箭头构成，经常被描写成套垫线迹。座垫缝制者使用一根可将织物一下穿出两眼的弯型针，在家具外表的关键位置缝上纽扣，将里面无形的填料固定。正是通过这样将内外成分缝合起来，才可能使会说话的身体化身差不多表达出有意识和无意识的欲望。在拉康的图中，自我的这根针的刺穿动作在通过 4 个逻辑时间后回归原点来表达欲望——如图所示的 4 层空间。从 L 图式看，图中的一些成分我们已经很熟悉。

始于环形右下角处，我们可以看到 $ 这个符号，表示无意识主体的分裂（L 图式中，"S"代表法语中的"Sujet"，Es 代表德语中的"It"，拉丁语中的"Id"）。该主体出生的时候就不存在了，而且只有通过习得语言才成为身体需求的言说代表。内生需求的紧迫性是由紧邻主体上方的希腊字母三角号 (Δ) 来表示的，这个符号触发向上的欲望动力。婴儿对于满足自己在营养及所处环境中获得保护的需求方面处于无助状态。生于这种状态下的人类婴儿，如果没有另外一个人养育尤其是母亲或其代理人，他就会死去。为了存活，至今仍不会说话的婴儿必须学会向其母亲 / 他人（m/other）提出要求，表达自己的种种需要。这就是想象中的母亲 / 他人——孩子最初感到无所不知、无所不能、完美无缺的人。想象中的母亲／他人的脸对于婴儿主体理解欲望具有导向作用。这张最初的脸由图中第一层的 i (a) 表示，体现他者（法语词 autre，即小他）的形象。在 L 图式中，指定符号 (a') 表示镜中理想自我的形象。

　　除非受到莫大伤害，儿童最终都能超越模仿母亲面部表情阶段，而学会表达自己的需要。孩子能学会完全按照母语的发音说话，这种父母语言的储存体现在图中的第二层，由圈起来的大写字母 A（即 Autre，意思是"他"，"大他"）表示。从符号 $ 至符号 A 这条向上延伸的线与 L 图式中的象征轴重合，也被镜像阶段的想象轴所打断。在 L 图式中，"另一自我"与"理想自我"之间相互竞争、交换的想象轴由 a-a' 表示。在欲望曲线图中，这个想象向量被画成向左延伸的线，形成作用于下面字母"m"（moi，我）之力，而"m"处于环形中的左坡，与"理想自我"形象 i(a) 这个方向相对。"理想自我"可以是孩子在镜中看到的完整的自我形象，也可以是孩子视为典范或相似者的母亲或他者的诱惑形象。正是在理想他者的映像基础上，加强了孩子这样的认识：自己是"另一自我"的奇异假面具或雕像般的面具。希腊籍意大利画家乔治·德·基里科（Giorgio di Chirico）1922 年创作的双自画像表现了焦虑不安的对峙——艺术家多彩鲜活的形象与白色大理石半身像之间的对峙，半身石像的一双瞎眼凝视着他（该作品陈列于美国俄亥俄州托雷多玻璃艺术博物馆）。

　　主体通过模仿自己父母的语言学习以口头要求表达身体的需要。母亲／他人与孩子的交谈由图中第二层从左至右即从"能指"向"声音"延伸的向量表述。我们可能会认为主体所传递信息的意义会源于其自我选择的能指，而且选择的范围限于父母语言提供的能指，而拉康的理解恰好相反。他认为我们要传递的信息的意义不是由作者主体决定，即按照从左至右的方向运行；而是按照相反的方向运行，即图中从右至左的上方弧线。根据对语言的这种回顾结构的理解，实际是他者——孩子母亲、本书读者、毕加索画作或费里尼电影的观赏者肆意行使着决定主体欲传递信息意义的权利。这种意义的反向量从圈起来的 A（此处包含的是他者的词汇和语法规则）返回至圈起来的、标有 s(A) 的地方，此处的 s(A) 代表他者的所指（Signified Autre）。这里就他者（用大写字母 A 表示）的所指范围而言，母亲 / 他人决定着主体能指（用大写字母 S 表示）之所指（用小写字母 s 表示）。拉康的"大他者"是乔治·奥威尔（George Orwell）的看不见的大哥的孪生兄弟，这位大哥的准许阐释意义框架构成社会和政治世界的语言坐标——而我们则被迫生活在这种"反恐战争"的世界中。

父母的能指储藏室由图中的语言圈 A 表示，作为孩子，我们通过从这个储藏室中选取语词来口头表达我们的需求。但是，如果我们要让别人明白自己，我们只有向别人输入交流契约，他们会根据其自身具有的特别语言圈 s(A) 做出反应，确定我们的要求的意义。尽管新生的主体一开始就具有向母亲 / 他人告知他 / 她和主体的欲求的能力，发育中的主体开始感觉到某种东西的存在，这种东西存在于主体之需要得到满足的要求之外，也存在于主体满足母亲 / 他人本身的能力之外。

母亲 / 他人及孩子获得完全满足是不可能的，受到这种不可能形象的扭曲，我们对于爱的口头要求无法满足主体的情感需要。该曲线图的下半部分对应的是想象极和对爱的无意识要求，要求获得来自母亲及镜像阶段的其他类似人物（包括想象中的慈父）的爱。相比之下，图的上半部分指涉的是符号域，同时是对不可命名的某种东西的欲望的无意识表达，而这种东西又是我们当下没有的。这种另外的某个东西是任何可替代符号性菲勒斯，即可完整表述某人的东西。拉康宣称我们努力学习，想要获得这种无名的他性，通过认同父性的自由，超越与母亲共享的隐秘家园来实现。所以，我们离开家的目的是为自己在公共领域创立新名，我们用专有的自我赋权的名字在我们的艺术作品上签名。

该曲线图右上方是一个怪异的公式——$ \$ < > D$（主体与要求相关），表明主体受到无情地驱使，努力成为永远也无法成为的人，即母亲／他人似乎要求其成为缺失的、完整的客体。主体与镜像阶段的想象伙伴的对抗见于图中第二层的"另一自我"与"理想自我"的对峙。第四层的这个公式与此不同，表明了一种给人带来更大创伤和更无个性的遭遇。这就是弗洛伊德和拉康称为"驱动力"的公式。正是语言主体与在头脑中内化的、回响的声音之间的遭遇，不停地向主体提出一系列更加苛刻和不可能满足的要求。这就是残酷的超我的声音，难以满足的被谋杀的母亲的命令，这在阿尔弗雷德·希区柯克（Alfred Hitchcock）的《惊魂记》（1960）中的诺曼·贝茨嗜杀的身体中显露无遗。

这种不满，即无意识语言主体被迫在其与无情的肉体冲动的遭遇——失败的遭遇中忍受的不满在曲线图的上方被标定为"阉割"。这里的"阉割"是符号性的，因为它并非直接切入乱伦性物质——我们已丧失的母婴肉体，是符号性阉割：通过对语言能指的手术切入我们对结合肉体焦虑不安的表达。符号性阉割是新出生的主体付出的代价，因为它将无言的母婴同体带来的自然享受丢弃，步入了切断的、不合的语言表层。在梵蒂冈的西斯廷小堂里《最后的审判》（1535—1541）这幅壁画中，米开朗基罗让圣·巴索雷谬（Saint Bartholemew）拿着自己的、吓人的剥皮套装，以此为伪装来描述自己。掏空自然的活力后，我是 $ 符号，与能指非自然地切下的物质分裂的主体。

在欲望曲线图的上方，箭头先从左至右由"原乐"飞向"阉割"，再从右至左飞回来表示言语的无意识含义。下方的箭头从"能指"延伸至"声音"表示言语的指示意义，而上方的箭头表示的是一种捉摸不定的内涵，是对此的一种补充。正如从"声音"至"能指"的反向运动代表父母向主体推行其意旨，从"阉割"向"原乐"延伸的平行运动代表的却是父母对此的无能为力。原本认为正是无所不能、无所不知的想象中的母亲具有决定信息（即孩子根据图中第二层级中标注为s(A)他者的能指而形成的信息）所指的权力。在怪异的四级公式 S(A) 中，我们遭遇到无意识性的著名真理：母亲／他人并非完整，她也缺少符号性菲勒斯这样的能指，因而无法使自身完整。并非只是自我，还有母亲／他人都是被阉割的，而且象征性的父亲亦如此。此外，语言和法权的大他者（the Big Other）本身也不是完整，因为总存在缺失的能指——总有更多的什么东西要提起，更多词语需要被发明，更多的艺术品需要被创作。

不存在一个什么词可以最终结束创作更多东西、另外别的东西或者新东西的动态欲望。所以，拉康在表示他者的大写字母 A 上用笔画了一道斜线。有缺失的他者上面的这道禁止线戳穿了其无所不能的假象。皇帝身着无衣套装，是赤身裸体的。

因为语言只能部分表达主体的肉体紧急需要，主体的能指阐释不可避免地透露语言表达以外的不满足领域。心理分析家通常以曲线图的第四层来解释这种主体发出信息的无意识内涵。不像曲线图第二层的母亲／他人按照从 A 至 s(A) 的由右至左的方向稳定主体能指的意义，在从 $D 向 S(A) 的反向运动中，分析家解放了主体默不作声和结结巴巴的言语，使其含义不再遭到阻止和扼杀。这是从"阉割"向"原乐"的运动，前者在他者的不能完成的要求压力之下产生，后者则在对他者的构成缺失欣然认可下得手。

原乐

被圈起来的符号 S(A) 中缺失完整的菲勒斯能指，该符号集中体现的是他者在潜意识中失去的肉体原乐。那么什么是原乐（Jouissance）呢？Jouissance 是英语中一个废弃不用的古旧词，意思是"享受（enjoyment）"，在法语中依然有使用，按照拉康的解释有两种含义：拥有财产的享受和性高潮的享受，而后者带来的是一种抓痒般的快感，可能失控，进而变成难以忍受的痛。从"原乐"到"阉割"的言语传递中，主体欢快地从失去的占有转向意欲的剥夺，循环往复。

Jouissance 是双关词，拉康让我听构成该词的双音 jouis 和 sens，包含了言语的喜欢意思（enjoy-meant）中超出器官享受（enjoyment）的感知或无感知。弗洛伊德名字的意思是快乐。拉康受此启发，在 jouissance 这个词中听到了某种诸如 juif-sens 或 Jew-essence 的意韵，按照词素的谐音拆分就是犹太人 - 知觉或犹太人 - 本质。这种戏读方式既见于对《摩西五经》中希伯来字母的拉比释经法，也可见于弗洛伊德著于 1905 年的书中对犹太笑话的解释，这些拉康在其研讨会中经常反复提及。拉康在 Jouissance 这个词中还可听到顺服的回应即法语中的" j'ous"意思是"我听到了"，仿佛言语主体在无意识中承认在语言的有意识意义之外传来的呼唤。然而在对于诸如阅读、写作、说唱、背诵这些能指的视觉和声音的感官体味中，无意识主体保持着升华了的言语本身的享受意味。

从"阉割"到"原乐"的反转则在具体言语的享受中恢复了所丧失的一些东西。然而，在不完整的能指链中，他者一直显示缺失。主体无意识中的幻象成为填补这种缺失的客体，拉康就这样在欲望曲线图上的他者缺失之外写下幻象公式 $ < > @$，此公式位于该图的第三层。这是独有的个人幻象，无意识欲望主体在自我发现的环路上必须穿越之。

小结

　　人主体（用符号 $ 表示）之欲望箭头从深沉、黑暗的器官需求三角 Δ 射向空中。主体性的箭头力图将母亲／他人的欲望确定为想象中的理想自我，用符号 i(a) 表示，而这是通过将自身附着于来自象征性父亲词库（用大写字母 A 表示）的能指之上实现的。欲望箭头 d 向上推进，但随着他者的无法满足的象征性要求（用符号 $< >D 表示）的汹涌而至而退缩。他者最终的乏力显露［用符号 S(A̶) 表示］使欲望箭头得以释放，回归至原点，欲望的箭头沿着无意识欲望之路（$< >@）前行，仿佛寻求补偿这种缺失。象征性幻象情景的目的在于弥合差距：具有无意识语言的脱离母体的主体与不幸地失去母婴同体的碎片（能指之刃下从未受语言文化浸染之"物"上掉落的碎片）带着加速冲力落地，欲望箭头穿透母亲／他人的虚假稳定意义［用符号 s(A) 表示］，释放了"我"（用 m 表示），即来自镜像阶段与虚假自我形象捆在一起的"另一自我"。在人主体坟地这一终点，欲望箭头到达了自己的墓标，来纪念象征性自我理想，标记为符号 I(A)，仅刻印上名字而已。从子宫到墓宫，能指的无意识主体就这样消逝，从想象中的镜子到象征性的石碑。

从母性理想自我到父性自我理想

象征性认同"父亲之名"使言语主体与迷幻的母性"物"的无中介性处于安全距离。图中小写的 i(a) 代表具有诱惑力和欺骗性的"想象界"的愉快母爱。这个母性理想自我的不稳定处境被升华，为大写的父性自我理想位置［用符号 I(A) 表示］的针脚轨式迹暂时稳定。在此，对想象界的眼（eye 与 I 发音相同）器官的直接感知交换为象征性字母 I 的中介概念。这里对母亲自然界之外的父性文化秩序的创造性推理得以保留。这就是弗洛伊德与拉康阅读方式的不同：弗洛伊德对列奥纳多·达·芬奇的圣母子和圣安娜间的母子幸福采取想象式阅读，而拉康则对圣安娜高高指向圣父精神国度的食指采取象征性阅读。

沿着迂回的欲望路线，抽象的父性支配主体与其失去的具体母体残余部分反复面对面。一方面，这些残余部分带着主体分裂痕迹进入语言的无形主体；另一方面，失去的连接同体保留在原初母性"物"的幻象中。神秘的幻象公式 $<>@ 是不可思议的缺失与虚空的并置，生命体存在物中的那个洞（即公式中的符号：<>）允许窥视其失去的整体。

受控于根本的无意识幻象，语言意义的虚空主体瞬间就位，面对失去的肉体存在物的客体。面对艺术品的这种具体化幻象，无意识欲望之思考主体暂时能够与脑子一片空白的性冲动主体融合在一起。所以画中某女士的微笑里流露出幸福与恐惧的震颤，在过去的 500 年间永恒的欲望引擎使这种微笑保持脆弱的平衡，而永恒的欲望引擎即艺术的动力。

弗洛伊德将蒙娜丽莎作为升华"物"的绘画范式。与此相类似，拉康讲座中有关升华的最初例子是宫廷式恋爱中残忍无情的漂亮女人。这尊刻板的女性不可接近的雕像使其男性求婚者诗兴大发。她不是想象中的母亲，不是那位被不公平地禁止的、象征性父亲威胁阉割的客体。相反，她是不朽的原初"物"，任何娇小的人婴都不可能与之形成想象享受性相互给予幸福的关系。就这样，父性阉割之象征性操作开始显露出来，以拯救新创造的语言主体，脱离其对母性"物"不可言状的迷恋。

克莱因式母亲

在将神秘的母亲之体置于"物"之位的问题上，拉康承认奥地利心理分析学家梅兰妮·克莱因（Melanie Klein）走在自己前面。她职业生涯的大部分时间待在英格兰，写作与教学构成客体关系理论的主要源泉。克莱因是自弗洛伊德后下一代的心理分析学家，其作品或许很受拉康尊崇，尽管这一点往往以强烈反对的方式来表现。拉康在其研讨会第7卷中如是总结道：克莱因升华理论视艺术为表现补偿功能的形式。拉康反对这种构想，认为此种想法错误地将艺术品置于自身与他者相互作用的母性镜像阶段想象层级。如我们所见，拉康是把艺术品置于象征层级，即认同父亲形象（其实是死了的父亲）和传统上父亲所代表的家庭之外的他者文化秩序。

拉康也批评克莱因关于艺术的非历史性观点。拉康坚持认为艺术品总是要从历史的角度去理解，一个 20 世纪艺术家作品的升华方式在艺术风格上必然与处于其他历史背景（时间地点）的另一艺术家的不同。弗洛伊德不甚关心与其处于同一时代的艺术，而且其艺术品位保守。拉康则与弗洛伊德不同，对其品位也持异议，这个法国人以收集巴黎先锋派当代艺术家如毕加索的作品为豪。拉康自 20 世纪 30 年代的超现实主义时期就通过社交场合结识了毕加索，而且作为医生服务过他，甚至作为心理医生服务过毕加索的情人多拉·玛尔。拉康经常引用毕加索的理论，就像艺术家那样，甚至到了不用搜肠刮肚，而是信手拈来的程度。这简直是拉康那句格言的翻版：眼睛与凝视是分裂的。在此，这个世界在他眼里不是沉着冷静的观察，而是有破坏力的欲望的场，而他则被缚在欲望的网中无法抗拒。拉康也引用另一先锋派当代艺术家——超现实主义作家、辩论家安德烈·布勒东（André Breton）的"狂爱"客体这一偶然发现的理论。

　　在其关于升华的讲座中，拉康对克莱因 1929 年的具有里程碑意义的一篇文章高度关注。这篇文章的题目是"艺术品及创作冲动中反映的婴儿焦虑情景"。在这篇文章中，克莱因讲述了这样一个故事：一个郁闷的女人感觉内心空虚，于是就转向绘画，希望以此来填补这种虚空。克莱因将这种内心虚空理解为幻象中女儿因在身体及情感上对母体的渴望遭拒，而产生了放肆地对之攻击念头的结果。对于克莱因描述的虚空，拉康则视之为用语言分割孩子与母体的结果，而不强调母性缺欠性及婴儿的攻击性。结果，孩子创造了内在肉体空虚的幻象及失去母性客体的幻象，只有通过重新找回失去的客体，才能填补这种空虚。

艺术与空无

在坚持从不断的实际经验连续体中倒出象征性虚空时，拉康也引用了工匠的花瓶这个例子——花瓶形成了中空及填补它的可能性。拉康借用了德国哲学家马丁·海德格尔（Martin Heidegger）写于1955年的题为《物》的文章中的这个例子。拉康在1955年遇见海德格尔，并翻译了他写的东西——以深奥难懂而著称的著作。拉康整合了克莱因与海德格尔的洞见，提出了自己对艺术品的惊人定义："所有艺术都可概括为围绕'物'的空无的某种组织模式。"

按照拉康的解释，宗教通过上帝的填补而避免了这种空无。科学也拒绝之，试图通过自然法则等式填补之。艺术独自在其形式各异的虚幻中表现出"物"的空无。拉康一直寻求在欲望曲线图上用 $S(\bar{A})$ 这个公式具体说明这种构成性空无，即用该公式中他者的语言库中确定能指的缺失来回答人自身最根本的存在问题。

从旧石器时代的拉斯科洞窟猎捕动物壁画（前15000）到文艺复兴时期罗马（1500）教堂的人居壁画，艺术无休止地倾倒出神圣空间，只为将其填补。我们认为超验在场确保艺术表现的真实。就此而言，我们依然处在想象级水平，想象着存在一个他者——寺庙里的一个神，他可以提供给我们想要的答案。只有当艺术的呈现方式让我们意识到其令人印象深刻的透视画法是建构的假象时，我们才认同象征级理解。意大利建筑师安德烈亚·帕拉弟奥（Andrea Palladio）设计的维琴察奥林匹克剧院（1580）的舞台布景即如此。拉康承认象征性艺术中，在添加任何具象符号之前，不管这些想象的假象在观者眼中多么令人信服，肯定存在开放的虚空。

歪像

拉康将自我否定的错觉艺术手法比作心理分析的幻觉破裂法。他向参加其研讨会的听众介绍了德国画家小汉斯·霍尔拜因（Hans Holbein）的油画《大使们》（1533，图4）这个关键的例子。这是一幅双人全身肖像画，描绘了两个正值壮年、衣着华丽的男人：法国派驻英国的大使让·德·丁特维尔（Jean de Dinteville）和他的朋友，身兼拉沃尔主教的乔治斯·德·塞尔维（Georges de Selve）。他们站在大理石的马赛克地板上，后面是墙，上面挂着带深绿色图案的锦缎。大使们对世界各地的宗教、政治、经济及科学饶有兴趣，了熟于胸，一副傲睨自若的神态。这些从画中两层高的桌子上摆着的琳琅满目的物件上看得出来。桌子上铺着桌布，两个人自信地倚靠着。这些物件中突出的是天球仪、地球仪、日晷和其他科学测量仪器，以及琵琶、露出一端的数只笛子、一本写宗教赞美诗的书和一篇描述数学的文字。在画面左上角几乎看不见的地方是一个小银色十字架，对这两位大使的世俗与虚荣提出质疑。在画的底端，斜着横在两个男人的脚之间，隐约可以看见一个大的、辨认不清的东西，其画面透视的稳定性对今天的画技依然具有挑战性。只有从正面陡然移开，远离画面的右边，站到左下方非传统的看画位置，这个模糊不清的东西才显露真容。

这种从旁边斜着凝视油画的做法与心理分析治疗结构是一样的，心理分析师在治疗过程中不面对患者的眼睛，

图4 小汉斯·霍尔拜因 《大使们》 （1533）

而是在病人斜躺的长沙发边上不能被看见的地方倾听其无意识话语。与此类似的是只有从油画的侧面，这个拉康比作炒鸡蛋的谜团才得以解开，通过所谓变形透视技巧奇异地变成悬浮在那里的巨大人头骷髅。而这个骷髅也许是某种神秘的签名，因为在德语中霍尔拜因（Holbein）这个姓的意思是"空骨（hollow bone）"。实际上，整幅肖像画与一种叫作虚空的静止生活类型相关，其中瞬间消逝的肉体的虚荣在不变的死亡脸孔面前甘拜下风。通过将正面看无法确认的团状物称为骷髅或枯死的脑袋，象征级的宗教图像就抹去了直接感知的自然主义的想象虚幻。这一命名行为对于人的意义而言打开了一个全新的空间，与亚当和夏娃那会儿在伊甸园给飞禽走兽命名的行为一样意义重大。象征行为也留下其现实中的无所指残留物，而且自此以那无名"物"的鬼体常常缠扰主体。

拉康 1964 年研讨会的第 11 卷书于 1973 年出版，霍尔拜因的骷髅歪像上了封皮，但在这里的第 7 卷书中，我们就能看到根本分裂在起作用，就是拉康后来详述的眼睛与凝视之间的那种分裂。观众被霍尔拜因的梦幻错觉艺术所惊呆，正面直视画作会令他心满意足地审视按照自己形象塑造的世界，所看到的肖像与自己相比具有身体的相似、人的舒适，充满诱惑，仿佛与神话中纳喀索斯初次照镜子时所看到的一样，或与处于镜像阶段、虚幻自恋的现代主体所看到的一样。心理分析师为了更好地听取其患者话语的象征意义，往往坐在病人视线之外，而不让病人看见自己与之处于想象中的正面对峙：或羡慕，或竞争，或伪装。站在油画边上的观众也是一样，通过斜着看世俗财富的模糊图像，可能认同对其象征级的解释，这样就将清楚地注意到眼窝空着的脑壳——看不见的死亡的凝视。拉康称这种立体透视歪像为画中的邪恶真理，即主体死亡的能指。这种侧面看到的脑壳图像不能同时与正面看到的含糊的污渍共享一个焦点。然而，拉康坚持认为我们不断地从前面移到侧面时，晃动的幻象消失又出现，观者在这样的反复玩味过程中获得快乐。像玩泰迪熊，抱柔舒毯或吮大拇指的孩子一样，我们是通过戏耍死亡颅骨的象征性表述，对不可避免的生活意外获得一种想象性的掌控。

这里出现的头盖骨的变形物本身并不是"物"。"物"本身总是不可触及的，但是有了语言意指特性的帮助（这种特性最先通过原初"物"服务我们），我们至少能够说明其脱离我们的情况。这样升华的定义就是："一件艺术品总是围绕着'物'"。围绕着"物"，是的，但只是保持在安全的审美距离之内。拉康重申艺术表现的目标不是成为现实模仿的对象。艺术品不是现实的，而是现实之外的，而且通过调动艺术的意指成分来表现虚幻在场而同时又切实不在场的"物"。距自己根本幻象的"物"太近就会威胁我们作为有名分个体的特有稳定性。拉康自己或许就已经表明了对其竭力探讨的不可言喻的"物"的焦虑，因为霍尔拜因的画原本藏于伦敦国家美术馆，他却错误地把它说成收藏在卢浮宫。

霍尔拜因作品中的变形脑壳表现出不可思议的显、隐双重性，与臭名昭著的 20 世纪 20 年代达达主义派的文艺作品——美国艺术家曼·雷（Man Ray）的《伊西多尔·杜卡斯之谜》有可比性。这部作品中有一台看不见的缝纫机，用一条毯子裹着（该作品藏于伦敦泰特美术馆）。最近，有关不可思议的"物"的隐藏的东西显现于我们都市中心的包裹艺术项目现场，即广为人知的包裹新桥Ⅱ项目（1985，巴黎）和包裹德国国会大厦项目（1995，柏林），这两个项目都是由分别出生于保加利亚和法国的克里斯托与雅内·克劳德夫妇完成的。

　　拉康在其心理分析伦理的讲座中，为了举例说明其论点——关于对象征性父性推理的安抚形式结构中干扰想象的母性在场的肉体诱惑的升华，他转向了艺术作品。荷兰17世纪的静物画中描述了普通对象的至高尊严，法国作家保罗·克劳德尔（Paul Claudel）对相关情形进行了追忆，拉康则对此产生共鸣，断定自然之死（nature morte 中的 morte 为法语词，意思是"死的"）这种艺术风格具有特殊地位。对拉康来说，这些静物画作品中所刻画的物品回响于日常的功利主义和特别的美丽幻景之间，不同寻常的美丽幻影再现了这些物品当时被正常消费的情景，似乎停止了时间的流动。海德格尔在1936年写的一篇文章中论述了艺术作品的源泉，他在荷兰画家凡·高的有关鞋的静物画中发现了客体的至高尊严。拉康在探讨凡·高的静物画《鞋》（1886，阿姆斯特丹凡·高博物馆）时，又强调保持常用物品的世俗再现与意指层面随心所欲创作之间的平衡，而且后者抗拒纯粹实用美名义下的擅用。作品在对生活描画的美的非本质属性的否定中，戴着绝对的死亡面具，升华地再现了甚至再简单不过的空鞋的至高尊严。

　　拉康在其对自然之死的评价中，默默地转向他的朋友哲学家梅洛·庞蒂（Merleau Ponty）1945年撰写的一篇评论法国画家保罗·塞尚（Paul Cézanne）的艺术的文章。对拉康而言，塞尚的静物画《苹果》（1878，剑桥菲茨威廉博物馆）作为艺术取得的成功，恰恰是因为根据他所处时代主流绘画标准，画中的苹果看起来不像可食用的水果。在说明塞尚的油画《苹果》具有既完成了也未完成的幻象的形式机制时，拉康提及了艺术的迁移史及他所认为的超越历史的永恒之谜。一方面，塞尚在《苹果》这幅作品上的大胆尝试与其商业上获得成功的传统作品的关系可理解为主观对立。另一方面，塞尚的艺术也可视为体现了这样一种关系：欠下了如此能指的象征级一笔客观债。通过对艺术象征语言的形式属性采取新奇的处理方式，杰出的先辈艺术家们也已努力赋予"物"之尊严以新的内涵，而过度的曝光和惯常使用又使这种更新受到折损。塞尚在其《苹果》中力图将一个平常可见的想象物提升至象征级的非凡无形的"物"。这样一来，塞尚的画就既是母性"物"丢失的实体性显示，也显示了其隐藏于艺术语言的父性面罩之下的事实。

根据弗洛伊德对升华情形的解释，艺术家通过转变父性封锁的母性客体进入艺术品，获得满足而没有神经压迫的痛苦。成功的艺术家获得名利的回报、公众的感谢，公众潜意识里察觉到艺术家作品中自己被稽查的梦与欲的痕迹。拉康对此持异议，他认为对艺术的商业定价描述只是对美的问题的简化，弗洛伊德承认对此他无有价值的东西可说。对此题目，拉康并未同样保持沉默，他指出艺术中优美效果的成功创造是通过解除欲望之镖实现的。

艺术品美丽的外表浇灭了未完成的欲望之火，但这是一种不可触碰的美。博物馆里的公示语这样说：看你所喜欢的一切，但别触摸艺术品。对于这种要求以适宜方式欣赏艺术展品的警告，心理分析学家补充道：有必要要求我们为了自身的缘故保持安全距离，同时将我们的欲望对象直接控制在视觉范围内。在这种保持距离与渴望亲近两情素演绎的情爱探戈舞中，我们发现了幻象公式的成分：无意识的分裂主体坚定地面对客体不停旋转而富有催眠效果的空位（用符号表示为 $<>@）。有人也许在此会想起杜尚的像乳房般的又有机械感的作品《旋转的半球》（1925），或曼·雷的同样具有催眠效果的节拍器——《坚不可摧的物体》（1923），两部作品现都藏于纽约现代艺术博物馆。

未得到满足的欲望沿着不断的能指流向前方，将说语言的主体分裂为有意识区与无意识区。尽管不符合拉康本人的排印习惯，我相信在本篇中用美元符号 $ 来标示分裂主体是合适的，正是全球范围内流动的资金使我们成为有意识和无意识的世界范围内的商品消费者，我们缺位的现代主体身份对此的依赖是那样地大。客体身份对我们而言存在于商品自身空洞的形式中，用符号 <> 来表示，因为在它之外存在着无限循环的肉体欲望，用排印符号 @ 标示，既表示单件商品的价格，也表示一个指名个体的具体电子邮箱与无实体的商业网络空间网之间的联系。美国文像艺术家巴巴拉·克鲁格（Barbara Kruger）逃离消费主义的广告世界，用一幅巨大的照片挑战我们：一只空手上似乎举着这样一条标语："我购物，故我在"。

在美元符号中，欲求商品的主体被一分两半，使其成为自身的一个异化象征物 $。想象物被投射到商品的空框

中 <>，想象物被人欲求是因为它可能是他者在不断变化的大众媒体中的高光亮白、强行推销形象中想要得到的东西。在其"现实物"的不断重复、循环中（用符号 @ 表示），正如某流行可乐自称，肉体的强烈欲望一次又一次付出代价，疯狂投下轮盘赌注妄图捞回已无法挽回的输掉的赌注。在"他者"无休止的要求面前（用符号 $<>D 表示），我要想成为他者的失去物，我为自己创造一个幻象（用符号 $< >@ 表示），以便保护自己不被"他者"的魔掌抓住。在艺术升华的五花八门样式中，我摘取点可怜的实体性碎片，碎片是从最初"物"的声音、凝视及肉体中分割后所存留的全部。主体，客体，弃儿。象征，想象，现实。$<>@。

迷失的客体

阉割

第三章
迷失的客体

　　拉康研讨会系列书籍第 8 卷转录了拉康有关转移话题的讲座。正如拉康所理解的，转移说的是病人一厢情愿但又错误的知识推定——认为分析师具有一种天赋，能使自己免于痛苦。同时展现在分析师面前的还有病人从父母、老师、同事、朋友、兄弟姐妹、孩子、爱人这些最亲密的关系中所获得的爱和恨。分析师在拒绝满足病人的各种要求时，比如情侣间互立爱情誓言、直截了当回答问题，甚至于要求同伴间能正常对话，他是希望接受精神分析治疗的人有较高的本能升华能力，这样可以使其被压抑的能指得以浮现，使其根本的幻象能得以解放。分析师既不是镜像阶段上假想伴侣的二元对小他者之一，也不是客观的符号代码性的三元大他者，分析师必须依据于之外的与另外小他者的关系摆好自己的位置。这个小他者对任何人都是一样的，这与遗传或文化无关；这个小他者是现实界的、一元的或纯粹的其他人。当它痛苦地进入到充满明确要求和无法满足欲望的世界——而且又是一个性冲动持续地推动要求与欲望的世界时，这个唯一小他者就不再属于我们每个及各个人类主体。正是由于这个一成不变的"唯一"，拉康派精神分析关于每个女人、男人的迷失的动物化身的观点既不是历史主义者的也不是相对论者的。

想象和符号都不能以图像或词汇形式完全代表这个动物体，结果不可逆地导致这个主体与它所存在的动物体分离，因为只有当这个主体不在场时，它才能够代表这个"物"。中介表现形式中直接的动物不在场的结果即符号性阉割。这种缺失的能指即符号性菲勒斯，它不是代表任何存在的肉体实质的符号，但却是拉康派用在场的一个词来替代创造性意指行为中不在场的物。能指从现实界中切割出去，菲勒斯占据了分离后所留下的空白之处。简言之，弗洛伊德对父性潜力与能量所给出的菲勒斯的定义很流行，但它是谬论，是欺诈。

阉割

　　拉康做了关于阉割的讲座，介绍的是《令丘比特吃惊的普赛克》的复制品（1589，图5），出自一位名不见经传的意大利画家雅格布·祖奇（Jacopo Zucchi）之手，拉康这位心理分析师最近在罗马的波格赛美术馆见到过此作品。他也展示了他姐夫安德烈·马松（André Masson）作这幅作品的草稿，很明显这是专门为研讨会所作。同样地，马松也给拉康提供过法国人居斯塔夫·库尔贝（Gustave Courbet）的画作——《世界的起源》（1866）——的升级版，拉康几年前就得到了这幅作品，并将其作为私人收藏。

图5　雅格布·祖奇《令丘比特吃惊的普赛克》（1589）

　　马松一笔一画地勾勒出一个褃裢，用以掩饰只有非常谨慎小心才得见之物，女人身体下部裸露着是令人震惊的，而马松的如雪景般的线条轮廓将其包裹住。就像现实主义画家库尔贝将其装框，超现实主义画家马松重新装框所展示的，是一位斜倚的妇女的特写。画中，她的肩膀以上和大腿以下的部分都未包含。在拉康的继承人把这幅作品交给法国政府用以冲抵财产税后，它就在巴黎的奥赛博物馆展出，炫耀它是拉康派女性"物"最有名的画像。低俗的双关语：拉康或拉坎，库尔贝想象的女性菲勒斯的画作成为分析师称谓的符号讽喻。这无疑成为拉康对祖奇的《丘比特和普赛克》（一个古老的色情故事，在库尔贝半色情的裸体画中也突出）所做公开评价的幕后背景。

在祖奇的画里，我们看到了一个近乎裸体的人物——普赛克，她右手拿着匕首，左手高举一盏灯，照亮了在她脚边床上睡着了的人物——丘比特，爱神维纳斯的儿子。在黑暗的掩护下，丘比特与凡间女子普赛克私通，但却不准许她试图注视他的脸。画面上，普赛克怀孕初期的样子仅仅由几乎透明的布料像面纱一样遮挡，她似乎低头直看丘比特的隐私处。正如霍尔拜因的《大使们》，有了想象界的生命与符号界的死亡之间的矛盾，我们这里就能看到的是一种分裂：普赛克眼巴巴地看着让她怀孕的、她的神圣的爱人，而那束花挡住了我们想看的东西。普赛克自己在画面中作为站立的人物形象所展现出来的是想象界的女性菲勒斯，而她重新确认符号界的母性菲勒斯的物神地位便将这种分离缝合起来。普赛克的人物形象是灵魂的传统符号，它试图面对神秘的肉体的爱，尽管有法规约束，但它依然有动力去追寻。普赛克也是精神分析本身的化身，弗洛伊德在德语里的复合短语 Psycho-Analyse 最好应该译成"灵魂的分析"。

对于《令丘比特吃惊的普赛克》这个题目，拉康的听众们很可能听说过精神分析技术——自由联想的说法，分析师倾听被分析者的口头表述，以便使他无意识的欲望能指在毫无先兆的情况下从压抑的枷锁下惊现。祖奇的画也是体现各种辩证关系的另一个例子：眼睛与凝视之间的辩证关系、可见的与不可见的之间的辩证关系、肉体与灵魂之间的辩证关系、直感的想象场和介质概念的符号场之间的辩证关系。普赛克担心她的爱人和她那没有出生的孩子的父亲有可能是可怕的魔鬼。拉康在他的文章"菲勒斯的意义"（1958）中谈及一个被遮盖的雕刻菲勒斯，它出现在公元前 50 年庞贝古城神秘庄园的壁画上，他坚持认为只有当菲勒斯被掩饰起来，它在社会中才会发挥符号作用。只有蒙上了面纱时，菲勒斯才是其不在场的能指，才是其阉割的能指。

符号界的阉割能导致焦虑，它的出现是由于镜像阶段的各种我之间的竞争造成的。在这个阶段，作为他我的自己与母亲或他者的理想的自我之间存在竞争。符号界的阉割表示克服了符号界的焦虑，这需要通过认同父性理想的自我的公共能指，而使主体把自己从与母亲或他者之间所处亲密关系的僵局中分离出来。祖奇很可能被关进与或多或少的同辈进行的个人竞争中，但是他也有机会成为有独立风格的艺术家，因为丘比特和普赛克的主题对于他所处的文化传统（以正式阐释和重新创造为目标）是可以自由应用的。

能指借用了"大他者"的词典，授予新生主体向其他主体提出自己需求的权利，这始于最主要的照顾者，通常都是母亲。然而，能指同时侵入主体那种无法分开的母子化身的经验之中，在迷失的物体的名义下母子之间进行了肉体分离，遗留下或大或小的疤痕。这个首要失去的物体只有不被占有时才会是欲望之物，因为如果人们感觉到与它太接近的话，它就变成了焦虑之物。

研讨会第 10 卷是关于焦虑的，拉康通过诉诸他最近看过的早期绘画大师的作品举例说明他对客体的定义，主体必须学会将自己与它分离。这些作品包括西班牙人弗朗西斯科·德·苏巴朗（Francisco de Zurbarán）的两幅作品——《圣阿加莎》（1633，沙特尔美术博物馆）和《圣露西》（1639，蒙彼利埃的法布尔博物馆）。这位西班牙画家采用了圣阿加莎和圣露西实际个头一半的比例来永恒地表现她们。她们都非常平静地展示自己所受折磨以及被割下的身体部分和那些旁观者的凝视。圣露西穿着色彩艳丽的衣服，红色、黄色和黑色与光秃秃的、模糊的大地形成对比。她的眼皮低垂，似乎盯着她端在腰间的盘子上所盛放的她的宝贵的眼睛。圣阿加莎的装扮很相似，她的眼睛盯着外面，仿佛想把盘子上被割下当作肉欲牺牲品的她的两个乳房给观者。通过这些被分离的人体部分，拉康看到了现实界的可怜残余物（主体进入符号能指的非物质形体王国时所留下的不能复原的、不可思议的肉体残渣）在想象界的可能样子。幻象公式 $\$\lozenge a$ 俘获了由他者决定的升华，外来主体的语言意指必须努力抑制住肉体残缺所导致的原生焦虑，因为肉体残缺与被分离物体的外貌息息相关。阉割的焦虑仅仅是次要的掩饰，它阻止主体必须面对仍然很古老的与母体胎盘、母乳、母亲的声音和母亲的凝视分离。

在西方艺术里，男性身体的残缺反复登上舞台，各种叙述起源于《创世纪》该隐杀死亚伯，直到福音全书中的基督被鞭打、被钉死在十字架上。而强势的女人是这种暴行的行使者，比如，在荷兰大师伦勃朗的圣经绘画作品中的《大利拉剪掉参孙的头发》（1636，法兰克福施塔德尔艺术馆）和意大利大师米开朗基罗·达·卡拉瓦乔（Michelangelo da Caravaggio）的《犹滴杀死亚述将领荷罗孚尼》（1599，罗马巴贝里尼宫）。在后者的自传体版本中，人们认为画家克里斯托法诺·阿洛里（Cristofano Allori）把自己描绘成尸首两分，他被斩下的头颅被其情人抓在手里，而这个情人被当成女中豪杰的典范（1613，佛罗伦萨皮蒂宫）。阿洛里画的同时代女画家阿特米西亚·简提列斯基（Artemisia Gentileschi）把列表转为表示同一主体，作品上展现的是，简提列斯基因可能通过绘画中想象的情景报复侮辱她的男性艺术家而被公审、折磨（1620，佛罗伦萨乌菲兹美术馆）。当时同样流行的主题画是萨洛米端着一个盘子，上面放着施洗者约翰的头。这为英国艺术家奥博利·比亚兹莱（Aubrey Beardsley）提供了品味男性在女妖精手中蒙辱这一违反常情的幻象的机会。这段描述出现在其备受争议的对奥斯卡·王尔德 1894 年所做的臭名昭著的剧本的说明中。

灾难性的割离在 1963 年晚些时候成为拉康的私事，而不是艺术历史所关心的事。他在法国精神分析协会的同事们默许国际精神分析协会要正式将他从该协会中分离出去的要求。他们要求将拉康从训练分析师的名单中去掉，以便让所有机构会员享受特权。截至此时，拉康在公共研讨会上推行其备受争议的观点已逾十年，但正是他这种在临床实践过程中改变治疗时长的非正统操作，使他与国际组织之间出现了必然的裂痕。拉康坚持认为时长的改变可以使分析师在任何一点不时介入病人的讲述。这样，被压抑的能指似乎可能从病人的反抗中逃离并获得自由，但是国际管理组织认为这种做法不能让分析师在治疗的整个一小时内都与病人在一起，这就侵犯了病人的合理预期。从1953年开始，拉康就在圣安妮医院教学。1963年11月，关于父亲的称谓的一个研讨会是拉康在这里所做的最后一期研讨会，他把自己在协会中的命运比作是18世纪哲学家巴鲁赫·斯宾诺莎（Baruch Spinoza）被逐出犹太社区。

很长时间以来，拉康与斯宾诺莎说法一致：欲望是人类的本质。对于宇宙中的每件事，哲学家认可上帝的智慧。拉康认识到词汇意指剪切的普遍性，就如同对于人类而言，世界的物质性具有意义一样。拉康以圣经故事为例说明这个令人震惊、具有创造世界能力的词汇的想法，故事里犹太先祖亚伯拉罕准备用儿子以撒祭献给权威，这个权威不是别的，而是那个代表无形的上帝的词，那个不宜提及的词。就像卡拉瓦乔（Caravaggio）在1600年左右所描绘的（佛罗伦萨乌菲兹美术馆），秃顶、大胡子的父亲，身上厚厚的布一直垂到膝部。作品由此处裁开作为画作的下边，在画作的中央，父亲左手把被绑缚的、全裸的儿子的脑袋按在石头圣坛上，右手握着一把祭祀用的刀。这只手因被一个裸体、有翅膀的天使的右手牢牢抓住而被阻止，这是画作的左边。天使左手食指指向画作范围内的一只公羊，这是画作的右边。根据上帝的话，这只公羊将是替代他儿子的祭品。作品中指向远方的手指、拔出的刀、公羊和不完整的天使、父亲和儿子的形象是能指自身切口的化身，通过能指，世界上可见事物的随机排列就得到升华，成为某种思想的符号体现。正是基于这种符号界分离的抽象思想，某一特殊的三人家庭——亚伯拉罕、以撒和他的母亲萨拉——使自己与他们的大家庭——亚伯拉罕的妾夏甲和她的儿子以赛玛利（阿拉伯人的祖先）——割离开来，这样做的目的是使犹太民族具有一个新的名字。这种一个家庭内部的符号界分离在今天的中东，甚至全球都依然有影响，这是很有悲剧色彩的。

在卡拉瓦乔的作品中，符号界的名字将想象界的结构美化，超越符号界的名字是现实界无名的焦虑。现实界剩余的就是阴茎的包皮，它是在赋予身份的割礼仪式上被意指的刀片切掉的一块可怜的肉，是亚伯拉罕和以撒传给他们的男性后裔的。割礼仪式活动为拉康符号界阉割的学说提供了想象界的基础。通过与社区任意能指达成符号界的认同，他就获得了文化身份，而牺牲了现实界的普遍化身。在这里我们再次发现升华的公式 $\$<>@$：能指的分裂主体，越过暂时被艺术品——填满的空虚的框架，面对失去的原初化身的残余部分。祭献以撒时，失去的肉体原乐成为犹太教徒的象征界本质。

第四章

The Fourth Chapter

何为图像?

第四章
何为图像？

　　《开除教籍》是首部出版的拉康年度研讨会系列第1章的标题。作为法兰西精神分析协会的一个教学项目，该期研讨会是首期未在圣安娜精神病医院举行的研讨会，也是首期在颇负盛名的（巴黎）高等师范学院举行，由大学主办的研讨会。该期研讨会最初题为《精神分析学基础》，拉康于1965年将其内容归纳为"无意识""强迫性重复""转移"和"驱力"这四重概念。我深感"TURD"（transference、unconscious、repetition、drive四个单词的首字母缩写，同时turd作为一个单词意为"粪便"）一词非常适合用来概括拉康的这四个基本概念，尤其在考虑到拉康于此期研讨会上对所谓"客体'a'"的再次强调时更是如此。"客体'a'"将"失落客体"指定为"现实界可怜的残余和不可思议的回魂。小写的字母"a"代表"他者"或"小他者"，以区别于通用语言系统里的"大他者"。拉康将"客体'a'"的法语objeta读作objet petit a(即"客体小a")，一方面，是为了保全字母a作为象征"失落客体"缺失性的抽象符号的拟代数性；另一方面，也是为了使之听起来像objet petit tas（即"一小堆屎"）的发音。2007年，许多题为《艺术：行动的大便》的大字报被张贴在纽约街头的涂鸦墙上，这些大字报的宣言代表的是欲望的无中介实现。objet d'art(即"艺术的客体")在沦为商品后，的的确确不过是囿于名利的艺术家在客观意义上的排泄物。

《研讨会第 11 卷》以《精神分析学的四个基本概念》为题出版，书中的章节标题和分段符号都是雅克 - 阿兰·米勒在编辑其岳父口头讲述的现场速记抄本时后加上的。如此一来，这本书可以说是拉康与米勒的共同智慧结晶，是这位精神分析学家已逝的声音与其弟子行文智慧的融合。1966 年《拉康文集》出版；7 年后的 1973 年，《精神分析学的四个基本概念》出版，该书的出版巩固了拉康在法国学界的声誉；1977 年，上述两卷书的英译本出版，在英文读者圈造成了同样深刻的影响。《精神分析学的四个基本概念》将拉康学说的影响范围扩大到文学及哲学专业的大学生群体，但无论是在减轻拉康的专业异见所受非难方面，还是在减少英国及北美精神分析协会成员的理论困难方面，这本书带来的帮助都是微乎其微的。不论拉康在 1976 年的英译本前言中如何形容其谈及艺术的窘态，他在四场分别题为《眼睛与凝视之间的裂缝》《歪像》《线与光》和《何为图像？》的讲座中所谈及的艺术家及评论家都得到了外界的广泛关注，这使得阅读《研讨会系列第 11 卷》成为理解过去 25 年间视觉艺术的文化及评论必不可少的一步。在三位国际著名的艺术家——英国的维克多·伯金（Victor Burgin）、美国的玛丽·凯莉（Mary Kelly）和以色列的布拉哈·L. 艾丁格（Bracha L. Ettinger）——的文学作品、影像作品及装置艺术作品中都可窥见拉康哲学理论的影子。

眼睛与凝视之间的分离

　　梅洛 - 庞蒂（Merleau-Ponty）死后的 1964 年，根据其零散手稿编撰而成的《可见的与不可见的》一书出版。这本书的出版成为拉康《眼睛与凝视之间的裂缝》这场讲座背后一个偶然的促进因素。1961 年，时年 53 岁的梅洛 - 庞蒂英年早逝。在吊唁好友的悼词中，拉康对这位现象学家在超越感官之眼的可见性，深入知觉凝视的不可见领域方面所做的初步努力已经有所提及。在拉康看来，梅洛 - 庞蒂的初探与他在精神分析学方面的专研密切相关。在《研讨会第 7 卷》中，拉康曾基于塞尚的作品讨论过"升华"。而透过塞尚或蓝或棕的细小笔触，梅洛 - 庞帝似乎也已经开始看到了能指——就像性格，用画家自己的话说，他之所以努力使作品"说话"，正是缘于这样的性格。在拉康看来，这便是裂缝的一个基本实例。这个"裂缝"存在于言说主体的体验之中，是想象界有意识的视觉感知之眼和以能指的不可见网络为中介的符号界意义凝视之间的裂缝。而视觉艺术的创作和欣赏则都是通过这个能指的不可见网络实现的。语言中无意识欲望主体的定位是摇摆不定的，与之类似，作为绘画中无意识欲望的主体，塞尚的定位同样悬于一笔又一笔的表意笔触之间的空白间隔中无法确定。正是站在这样的角度，拉康认为"能指"与美国哲学家查尔斯·桑德斯·皮尔士的经典定义中代表某人之某物的"符号"有所不同，他认为一个能指代表的是另一个能指的主体。正如拉康精神分析理论所揭示的那样，除了画布上的细小笔触，塞尚的主体性在画中的体现着实无处可寻。

有梅洛 - 庞蒂的初探在先，拉康坚持认为对任何个体看世界之眼的中介而言，其可见性的整体领域都是预先存在的。某一个体一次只能从空间中的某一特定角度看向外界，但是同一个体却容易受到外界来自各个角度的审视。不过对精神分析学家而言，这不仅仅只是一个有关视觉的物理极限的问题。暴露在他者的不可见凝视之中的主体会发现自己深受不安和客体化的折磨，在拉康看来，这种可见领域里的不安和客体化恐惧相当于不可见领域里的阉割焦虑。拉康认为视觉驱力的反射性恰恰就存在于主体看向外界的眼睛和源自他者的外界凝视之间分离。在某种程度上，主体就是"母亲 / 他者"凝视之不可见的失落客体，视观驱力一直要求寻回该失落客体，但却只能围绕其失落之地绕圈子。因此，我选择用印刷符号"@"来模拟驱力围绕失落客体的空无而做的环形绕转。这个作为"母亲 / 他者"失落客体的主体就是"客体'a'"的原形之一。

在想象界，艺术家将自己重新定位于无意识的幻象中，再一次变成童年时代母亲凝视的失落客体，这是《蒙娜丽莎》众所周知的场景。我们可以将那个场景进行扩展，使之包括肖像主角本身被凝视的欲望。在这幅画中，拉康看见了一位美人的满足——她知道自己正被瞩目着，但却不露声色。而瞩目于她的观者虽然对她这些心思了然于心，却也装作毫不知情。基于英国精神分析学家琼·瑞维尔（Joan Riviere）1929 年的一篇题为《化装的女人味》的论文，拉康将画中女子的美丽容颜视作升华的美学策略——她给自己擦上脂粉，穿上华服，借此使自己从可见之物的想象界里有血有肉的生物升华成抽象、客观、符号性的完美典范。

在她乔装的矛盾存在中，现实界之"物"的缺失变得显而易见。

　　拉康认为，"自我"之"我见"的自主中介之幻觉等同于 17 世纪法国哲学家勒内·笛卡儿有名的"我思"的想象界自欺。哲学定理"我思故我在"（拉丁文 Cogito ergo sum 的中文意思）表达的是对某些人类知识的渴望，这一定理将被拉康用来表达人类欲望之不确定性的精神分析定理——"我欲故我在"（拉丁文 Desidero ergo sum 的中文意思）替代。基于失落客体，我是失落的生物。基于我的失落性，我是欲望的生物。因为对任何我见之物的获取都不能完全替代"母亲/他者"失落的欲望，所以对其他东西的持续渴望仍然是我永恒不变的状态。

　　在拉康强调的悲剧性分离中，站在主体能动性想象界的笛卡尔式妄想一边的是眼睛——即"我见"；而站在焦虑的现实界客体一边的是凝视——即"我被见，我被现。"——这种焦虑源自主体感受到的想象界"母亲/他者"和符号界他者的神秘欲望——"她/他/他们到底想干什么？"在清醒时的有意识中，我可能认为我所见的是我主动看到的；但在睡梦中的无意识下，我显然不再处于主动状态，而是被动地接受梦的展示，同时在被展示的梦境中，我又是被展出的主角。这种做梦者被强制性地展示梦境凝视的情形就类似于观者站在 20 世纪 60 年代不停波动的欧普艺术面前的情形。这些欧普艺术的创作者可能是生于匈牙利的法国艺术家维克托·瓦萨雷里（Victor Vasarely），也可能是英国画家布丽奇·黎蕾（Bridget Riley）。

歪像

　　绘画作品中符号性阉割的离奇可见性是拉康就"歪像的视觉畸变"所做讲座的主题。在这场讲座中，拉康经由近来为梅洛-庞蒂所写的悼词回归其早些时候对霍尔拜因画作中变形头骨的思考。而拉康回归死亡主题的过程实际上就是对他想阐明的精神分析学的四个基本概念之一——"强迫性重复"的再现。1900 年左右，弗洛伊德已经在驱力的原始地形中假定了一个存在于自我保护和性欲驱力间的基本冲突。在研究第一次世界大战幸存士兵噩梦连连的问题期间，弗洛伊德开始构想重复驱力的概念。在该驱力的作用下，较之寻找新的途径以获得快乐，个体似乎更愿意重游昔日的痛苦场景。在发表于 1920 年的《超越享乐原则》一文中，弗洛伊德提出了有关这一主题的第二个地形，在这一地形中，性欲驱力的人际交流被认为同死亡驱力的破坏性和自我毁灭性存在持续的冲突。在自我心理学方面，弗洛伊德的大部分追随者都没能继续其在这一致命方向上的思考。

　　在拉康写于 1936 年，并于 1949 年修订的有关镜像阶段的早期论文中，他从幼儿于自身运动的不协调、不连贯和镜像与自身运动的无缝统一间体验到的强烈差异中也看到了死亡驱力在主体身上所起的作用。在这篇被广泛阅读的论文（1977 年这篇论文被选入《拉康文集》选译版，并作为该书第 1 章出版）中，拉康以荷兰大师级画家希尔奥尼莫斯·博斯（Hieronymous Bosch）的想象作品为例证明了碎片化身体的幻想。在博斯于 1500 年左右创作的《尘乐园》（该作品目前收藏于马德里的普拉多博物馆）一画中，画家描绘了在炼狱中遭受迫害的灵魂那饱受虐待的肢体和膨胀的器官。1964 年，这幅作品中对支离破碎的身体进行的直白虚构幻想被霍尔拜因画作中变形头骨符号性阉割的潜像替代。从正面以梅洛 - 庞蒂知觉现象学的方式观看霍尔拜因的这幅画，画中的变形头骨是不可见的。然而，在这位哲学家的遗世之作中，梅洛 - 庞蒂对个体看向外界的眼睛从世界的原始肉身中萌生而出的论述却向世人展示了现实界无定形空间诱人的一角。这在无形中对无意识的说明起到了加强效果。

尽管如此，拉康仍然坚持认为梅洛 - 庞蒂并未充分认识到这样一个事实，那就是在符号界死亡驱力的作用下，现实界的连续性已经被能指的间断性打破，分解为能被明确表达的片段和不能被明确表达的残余部分。肉体统一的神话是现象学理论依赖的基础，然而在列耐·马格利特（René Magritte）1930 年的作品《永恒的证据》（现藏于休斯顿的梅尼尔收藏博物馆）中，我们已经可以充分感知到这一神话的分崩离析。这部作品由一系列垂直悬挂的五幅油画构成，每幅油画中都包含了一个女性裸体从头到脚分割而成的五个部分之一。

因为我永远不可能从母亲凝视的角度看向自己，所以我转而通过从镜中看自己的方式来尽可能地获得满足。在拉康看来，这种从看到自己凝视自己中获得的自恋式的满足是一种为了逃避由外来凝视造成的客体化结果的防御性机制。作为一个艺术家，每当我看着镜中的自己画自画像的时候，我都看到自己在凝视着自己，但我看不见的是"大他者"不可见的凝视。为了被认为是值得认可的，我无意识地向"大他者"展示着自己。首先在想象界阶段，"他者"或者"小他者"是形似自己的理想化"自我"，通过模仿这个理想化"自我"，我将自己塑造成"他我"。接着在符号界阶段，"大他者"是能指的公共仓库，我的母亲和父亲在我出生之前就从那里选取了一个名字和一组描述，这些东西自此将我约束为父母神秘欲望的焦虑对象。到了第三个阶段，也就是现实界，"小他者""失落客体"或者"客体'a'"是我堕落的肉体部分，我对语言符号界的强行进入将我与这一部分分离开来。拉康先前曾强调"失落客体"是一个欲望客体，它能通过在所欲之物所处的地方放置一个图像或者名字来得到定位。如今拉康却坚持认为"客体'a'"虽然在视觉上不可想象，在字面上不可形容，但作为原欲驱力持续环绕的不可收回的客体，它是能被理解的。虽然"失落客体'a'"不可能被寻回，但这一僵局却能通过驱力所起的作用得以避免。驱力的满足感不是从某一最终目标的终极实现中获得的，它存在于对驱力本身的无尽寻觅中。

在拉康的理论中，召唤驱力的"失落客体'a'"是"母亲/他者"的声音在被主体破解为能指词之前的声响。而视觉驱力的"失落客体'a'"（拉康曾在《研讨会第 11 卷》中对这一客体进行了重点讨论）则是母子之间的相互凝视，这一客体的失落使得主体的我被驱离现实界，构成作为流放中残缺的眼睛的客体的我。此前在《研讨会第 7 卷》中，升华的作用似乎是给语言中欲望的符号界主体提供自身定位的文化机会，而自身定位是通过该过程在与欲望的失落客体面对面的幻想关系中的想象界伪装——$<>@$ 实现的。如今在《研讨会第 11 卷》中，为了在重复环绕现实界"客体'a'"的过程——@ 中体验驱力作为现实界失落残余的原乐，主体被邀请跨过幻想的平面——<>，并将自己从符号界身份认同——$ 的异化中分离出来。那么驱力究竟环绕着什么？它环绕的是主体自身的空无。透过杜尚创作于 1913 年的第一件有名的现成作品——《旋转的自行车轮》（原作遗失，现收藏于纽约的现代艺术博物馆的是 1951 年的复制品），我们可以看到这种围绕空无的无尽旋转。

面具

在视观驱力的范围内，我与母体原始分离的失落残余是凝视。拉康认为画家已经在其所谓的面具中设法重拾了此种凝视在符号界之前的些许空白，例如西班牙大师弗朗西斯科·德·戈雅（Francisco de Goya）1777 年的作品《玛哈和蒙面男子》（该作品目前收藏于马德里的普拉多博物馆）。拉康提及的另一幅作品是对面具和凝视应用广泛的比利时画家詹姆斯·恩索尔（James Ensor）于 1899 年创作的《被面具包围的自画像》（该作品目前是私人藏品）。

在《研讨会第 8 卷》中，拉康基于意大利画家朱塞佩·阿尔钦博托（Giuseppe Arcimboldo）的作品讨论了面具的功能。在阿尔钦博托那洋溢着异乎寻常的想象力的肖像画中，他通过巧妙地排列诸如水果、花朵等非人体元素来创作出人脸的幻象。而在拉康引用过的例子——一幅创作于 1566

年的图书管理员的肖像画（该作品目前藏于瑞典的斯库克洛斯特城堡）中，作者则是通过对书本的堆砌完成了这幅作品的创作。一幅肖像画重要的不是画出一个人想象界的外貌这样的视觉把戏，而是直截了当地表达出其作为大他者被神秘隐藏的欲望主体的符号性身份认同的技巧。那么我为什么要穿上社会角色（social persona，persona 是拉丁语，意为"面具"）的符号性伪装？答案是为了避开面具之下其实没有任何实质性东西可看的嫌疑。克劳德·康恩（Claude Cahun）是拉康 20 世纪 30 年代的超现实主义社交圈中的一员，在她辞世多年后的今天，其自我肖像照却在近来得到了诸多赞誉。这些照片中的康恩常常戴着面具，正如她自己所言："面具之下仍是面具。我永远也不可能摘完这一张又一张的'面孔'。"

在《研讨会第 8 卷》和《研讨会第 11 卷》中，拉康都引用了阿尔钦博托和萨尔瓦多·达利（Salvador Dalí）两位艺术家的作品。萨尔瓦多·达利不仅是拉康的老友，更是他志同道合的伙伴。在达利于 1942 年出版的自传《萨尔瓦多·达利的秘密人生》中，画家曾这样回忆到，从他第一次在巴黎见到拉康，两人就已经意识到彼此在妄想症作为一种积极的心理干预模式的重要性方面有着惊人一致的看法。而妄想症这种积极的心理干预模式与梦境的被动经验是截然相反的。后者此前一直是超现实主义者应用弗洛伊德无意识理论的范例。1933 年，拉康与达利先后在杂志《米诺陶洛斯》上发表文章，从这些文章中我们可以清晰地看到这位精神病学家对妄想症的研究和这位画家自创的"妄想症批判法"的共通之处。达利将其幻觉一样的超现实主义幻想投射到传统现实主义的透视坐标上，而拉康则坚持认为临床妄想症的妄想和幻觉有其系统性的意义，对此，正统的精神病学仍然持反对态度。在无意识欲望的压力下，对目之所见的现实主义想象已经转变为了对凝视的超现实主义追求。

在拉康看来，患有妄想型精神病的主体缺乏父亲的稳定能指，因此无法形成标准的社会身份认同。由于这方面的不足，妄想症的主体对人类社会的全面认知是以绝对的自我凝视为中心的。而在这种自我凝视中，妄想症的主体则被迫成为不伦欲望、母体吞噬，或者父性阉割的客体。拉康经由临床发现，较之在关系亲密的家庭成员矩阵中处于被无视、被忽略的地位，妄想症的主体会无意识地倾向于成为想象界迫害性凝视的客体。达利坚持认为他自己和妄想型精神病患者的不同之处在于他并没有发疯。他那些充满幻觉的画作并不是病态的妄想，而是对将艺术中的现实主义当作透视错觉的几何问题的传统看法的清醒的批判。1938 年，弗洛伊德与达利在伦敦会面，此后弗洛伊德曾这样评价达利的作品，他在早期绘画大师的作品中努力寻找的是隐匿画中的潜意识，然而在达利的艺术作品中，他看到的是有意识的意图。在为临终的弗洛伊德绘制头像的时候，达利用模拟妄想法将人类的头颅描绘成了蜗牛壳般的螺旋形状（这幅作品创作于 1939—1941 年，现收藏于西班牙菲格雷斯的达利剧院博物馆）。

对拉康和达利而言，歪像的妄想性扭曲替代了透视投影的光学规律。以超现实主义的眼光来看霍尔拜因画中的变形头骨，拉康透过其面目全非的形状看到的是勃起的男性器官的轮廓。后来在《研讨会第 19 卷》中，拉康提及莱昂纳多的建议——即艺术家应当在老式砖砌建筑上那些经岁月磨蚀而出的，没有固定形状的痕迹中寻觅隐藏其中的图像，而这种损耗是对它先前丰足完善状态的否定。在拉康的理论中，他认为菲勒斯是在想象界的视界和不可见的符号界领域中某种缺失的符号，菲勒斯的膨胀和收缩是对意指链中能指转瞬即逝的可替代性的模仿。

从侧面突然看向《法国大使》这幅画，画作前景中的歪像可被视角化地重构为一个头骨，一个象征着霍尔拜因画笔下盛装男子之尘世浮华的头骨。在拉康有关妄想症的著作中，他幽默的痴妄之语强调的不是死亡的传统符号，而是无定形本身的实际表现。而这种实际表现使他想到的是在达利某个雕塑作品中，顶在一名女子头顶，两端微微下垂的两英镑法棍（英国作家谢里丹的英文译本将其误译为"一条由两本书组成的面包"，"livre"一词的含义既非"一本书"，也非"一个重量单位"）。这座雕塑名为《一个女人的回顾半身像》，创作于 1933 年，现藏于纽约的现代艺术博物馆。画中头骨的歪像畸变使拉康想到了达利作品中标志性的艺术效果——将原本坚硬的结构画得绵软——如《记忆的永恒》（见图 6）一画中柔软的时钟，这幅画可能算得上达利最有名的作品，创作于 1931 年，现藏于纽约的现代艺术博物馆。

正如在拉康理论中仅仅代表自我消除能指菲勒斯，达利的生平之作里也随处可见被撑起、被翻转的柔软物体。达利画中对实物形态的想象界融化方式千篇一律的描绘是现实界原欲在对其自身死亡的符号界预知的阴影中被迫错

图 6　萨尔瓦多·达利　《记忆的永恒》(1931)

过性欲驱力的命运。1961 年，拉康将作品《伟大的自慰者》（创作于 1929 年，现藏于马德里的索菲亚女王博物馆）选入《研讨会第 9 卷：论认同》。在这本书中，拉康对一些真正的艺术作品在这个大众媒体将精神分析的意象日益平庸化、讽刺化地扩散开的时代保有可耻的关键优势的能力进行了讨论。从奇基塔牌香蕉庸俗做作的广告到如今伟哥一本正经的商业宣传，菲勒斯一直以来都是以其自身的膨胀形象出现的。知识博主卡尔·斯特德曼（Carl Steadman）和插画家安达·布鲁（Anda Brubaker）于 1933 年共同创作的一套名为《字母表世界的复制人：穿越雅克·拉康菲勒斯崇拜的蒙昧主义的字母过山车》的收藏卡也可以在网上找到。

　　将霍尔拜因与达利画中塑造的膨大形象进行比较，拉康断言后者对菲勒斯的崇拜不亚于前者（谢里丹在这里将其误译为了完全相反的意思）。在对头骨正面凝视和侧面观看之间的歪像辩证法中，霍尔拜因使肉体肯定的想象界主体和语言否定的符号界主体之间的波动处于可见状态。在想象界阶段，此种波动在拉康心中唤醒的是由看到他自己的"柔软手表"所带来的物理阉割的受虐幻想。然而在符号界阶段，能指的作用是实现重组，而在重组的巧妙词汇中，拉康又寻回了曾遗失于自我肢解图像中的物体。在题为《符号性阉割》的长期个人秀中，拉康从其专业表现中获得的是一种永久的保护，一种使之在后来人凝视的残酷探照灯下免于客体化的保护。就拉康对绘画最为有名的宣言："图画不过是凝视的陷阱，这幅画也不例外。"我建议以这种方式来理解：我之所以创作这幅画，不过是为了陷入画框里笼中空虚的陷阱中，而这个画框便是大他者凝视的贪婪。在美国概念派艺术家索尔·勒维特（Sol Lewitt）创作的极简栅格状立方体中，我们能找到笼中空虚更实在的例证。

线与光

在关于眼睛的几何线与迷人的凝视光之对立的讲座中，拉康在黑板上画出另一幅图表，希望能够将简单易记的视觉形态用于精神分析教学中。拉康的凝视三角形（图7）在艺术家、史学家和艺术评论家中流传甚广。

拉康画的第一个三角形类似一个三维空间，眼睛在其

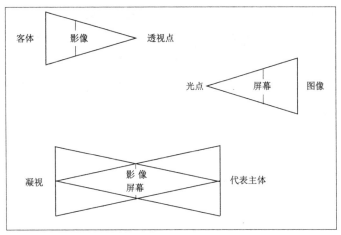

图 7　拉康的凝视三角形

中的作用相当于光学透镜。从画家眼睛的透视点出发，想象视觉射线会遇到世界上任何客体。最终的影像位于图像中客体和眼睛的中间，画家的画架可能就在这个位置。这个范例就是文艺复兴时期的理论家们所构想的线条透视。这些理论家包括意大利的阿尔贝蒂·利昂纳·巴蒂斯塔（Leon Battista Alberti）和德国的阿尔布雷特·丢勒（Albrecht Dürer）。后者发明了框架线网，可以将物体的三维曲率在平面上转换成二维投影。拉康表示，该理论仅仅产出了一个三维空间几何图，并没有充分理解具体视觉的利比多动力。

在第二个三角形中，拉康并没有把人的视觉起始点指定在眼睛的几何量上，而是在发光点上，看似是从客体向外流向主体。主体被光照亮，成为可见的图像。在第一个图表中，是线性光线将眼睛和客体连接起来。而在第二幅图表中，是光亮将凝视的客体包容起来。这就是主体原始的视觉，他似乎能够从他者的位置散发出来，引发主体思考：
"你这样看我干什么？"拉康并没有否认世界的几何视角
来自视觉主体的眼睛。但是他想要证实的是，言说主体比
视觉主体更有道德优先权，也是有意义存在的象征问题优
先于想象知觉的视觉机制的必要补充。

　　以这样的视角看世界时，世界不仅仅是我选择想看的
东西，而是我觉得对我来说重要的东西。在第二个三角形中，
这种无意识的主体与世界在中间位置相遇，拉康把这个位
置称作屏幕（écran）。相遇点在屏幕中，我在图像中。在
图像中的我并不是作为客观凝视的眼睛，而是主观找寻的
我。不幸的是，英语读者对拉康有错误的解读：拉康表示"我
在图像中"，而翻译者的翻译却截然相反。这使得英语读
者错误地认为拉康的主体仅仅是大他者（the Other）凝视
的被动对象，而这却是法国哲学家让 - 保罗·萨特（Jean-Paul
Sartre）的观点。拉康的精神分析论和萨特的现象论是截然
相反的。拉康通过其符号性的定义，以凝视者的亲密暗示
作为先决条件，并把大他者作为"自我理想（Ego-ideal）"。
屏幕是能指的奇异集合，在我特殊的经历中决定我。通过
象征性网络，我可以试着在我的家庭和世界中勾画出我理
想的位置。

　　拉康也将位于我的主观和光的客观之间的能指屏幕称
作"the tache"，译为"污点"或"点"。就像肉眼透过不
透明的屏幕边缘看日冕时要小心翼翼的，同样，精神的我
必须保护自己，让自己不被利用能指屏幕的大他者看见，
以免受到过多刺激。它像防晒霜一样保护了我敏感的皮肤，
使它不在沙滩上受到严重晒伤。类似地，我的主观屏幕或

是视觉污点能够稳定我的观念，这样那种让人眼花缭乱且模糊不清的画作就不会伤害到我。

一些动物为了不被天敌发现或者被太阳晒伤，会让自己的外表根据四周环境改变。和这种生态环境的伪装术一样，在绘画艺术中，艺术家也会巧妙利用屏幕，让自己的作品不被"物"（the Thing）的凝视毁掉。画家的物到底是谁（什么）呢？艺术家把画作当作想象的诱饵呈现在大他者的视野中，希望母亲、父亲、帝王、主顾、评论家、公众等这些具有代表性的他者能够放下他们的武器，以友好的眼光欣赏艺术，并欣然接受它。"你看什么呢？在看我吗？好吧，你别看我了，还是看这个吧。"画布就像是一层蜕下的蛇皮，使大他者迷惑。

画家想要的和他者想要的是一样的，那就是用美丽的艺术作品的想象外衣填补大他者的符号性空缺。但是这并不能保证画家在作品中想要呈现的东西能被大他者看见。拉康以古希腊传说，即画家雷克西斯（Zeuxis）和帕拉西奥斯（Parrhasios）的绘画比赛为例，解释了这种眼睛和凝视的差异、我想要呈现的东西和他人所看见的东西的差异。宙克西斯把葡萄画得非常逼真，引来飞鸟啄食；而帕拉西奥斯在墙上画的画布也让对手误以为真 [1675 年约阿希姆·冯·桑德拉特（Joachim von Sandrart）将这一传说其雕刻了出来]。帕拉西奥斯赢了比赛，因为宙克西斯想要去看他画的画后面到底是什么，当然，除了画布什么都没有。对于饥饿的鸟来说，问题在于客体的视觉假象。对于好奇的画家来说，问题在于画笔下的画布让他想要一探究竟。在我们示人的自我的想象面具下，并没有隐藏的我，只有看不见的带有一组能指的符号认同，这组能指可能随时变化。对拉康来说，这种错误识别（méconnaissance，也有"我知道"的意思）从根本上是自我的偏执状态。面对他者的神秘凝视，偏执的主体怀疑肉眼所见只是假象，假象之下他者还另藏玄机。

什么是图像

那么，什么是图像呢？为了回答这个问题，拉康把从肉眼透视点延伸出的三角形叠加在心理场中从光点放射出的三角形上。在第一个想象界三角形中，肉眼观察客体的视觉影像；而在第二个符号界三角形中，客体发出的光点穿过无形的能指屏幕，以帮助肉眼形成图像，并且形成肉眼的图像。在第三个图表中，两个位置相对的三角形交叉在一起——正如日常生活中相互交叉的想象辖域和象征辖域一样——凝视将视觉再现的主体以欲望图像屏幕的形式嵌在绘画图像中。正如泽克西斯看着帕拉西奥斯画的画布一样，我问："我为什么在看这幅画？画家想通过这画告诉我什么？我要成为怎样的观画者才能直面这跳出画框高深莫测的凝视？我应该用什么话语去填补在视觉领域中画作所表现出的令人迷惑的不确定性缺口？"

拉康认为，在视觉领域中，凝视在主体之外，看着主体，将看者转化成被看者、一幅图像。他曾写道，在视觉领域中，"我是被拍摄的人"——光的修饰功能在一组几何坐标中把我照射、记下并绘制出来。在第 6 卷中，拉康不再直白地把第 7 卷中的他者作为解释我时凝视的来源，取而代之的是引出隐形的客体"a"，目的是把消失的肉体存在给予原始的母性面孔，这个面孔曾经用其凝视的火焰点燃了我的肉体。在主体的视觉领域中，母亲和孩子凝视的分离会使客体"a"变成可怜的无形残留。客体"a"让人想要重塑已消失的物凝视，也在画作中让人想要重塑消失的凝视的视觉表象。一方面，从欲望的角度说，图表的意象屏幕呈现了消失客体的想象图式，这个图式暗示了它的恢复欲望。另一方面，从驱力的角度讲，屏幕图像的交叉使得符号主体不被过分现实界的凝视所掩埋。这凝视来自太阳、母亲、儿子、物——比如一块闪闪发光的手表、一块反光的玻璃、一个光亮的苹果、一汪反光的池水、一幢闹鬼的房子——他们看来似乎是从消失的"物"的位置面对主体。视觉艺术的看者在画作、雕塑、照片和电影中不断面对这种客体凝视。这些艺术作品会在教堂、博物馆和画廊、电影照明屏幕、电脑，以及高清电视中出现。

　　想象界表现的主体也是象征阉割的主体。其肉体的价值很好地使用在获得能指的保护上，以防止原始凝视的创伤性复原。影像屏幕被画家巧妙运用，是牵制凝视的面具。毫不隐藏地面对太阳，就会有危险。但是如果你面前挡着图像，比如画架上的画布，你就能遮蔽掉不能直视的太阳，而在画布的边缘就能看见不那么强烈的阳光。现实界是不可见的凝视中心区，在它周围，我们的想象界图式和符号能指展开它们的不堪一击的旗帜，竖起它们无比脆弱的支架，客体"a"是现实界的残留鬼魂，可以用来填补中心的空缺。客体"a"填补了消失客体凝视和象征客体的空缺。三个空缺被系在了一起。在绘画艺术中，客体"a"的一个代表就是画家没有具体含义的独一性，它能让画家对作品产生象征认同。就像我们会说："看，这是莫奈的画。"

　　对暴露在凝视力之下的恐惧让画家的画作不仅成了欺骗想象界他者之眼（视觉陷阱）的方式——宙克西斯与帕拉西奥斯、莫奈与马奈也成了安抚符号界大他者凝视（凝视的屈服）的手段。有个明显的例子，那就是西方传统中异教徒或基督教上帝的全知凝视。德国哲学家弗里德里希·尼采（Friedrich Nietzsche）把凝视的黑暗猛烈称为酒神（Dionysian），以疯狂和美酒之神命名，这种命名美学术语的方法被拉康采用，他以希腊罗马诗和光神阿波罗（Apollonian）的名字命名"画作的安抚效应"。

　　古典艺术、文艺复兴艺术和现实主义艺术通常希望通过提供一些和谐的元素来安抚或转移全能凝视。相反的是，表现主义艺术将自身原原本本地暴露于凝视的严格审查之下。拉康认为挪威画家爱德华·蒙克（Edvard Munch）的作品就在寻求这种让人不安的凝视。蒙克最著名的画作《呐喊》（*The Scream*，1893，奥斯陆国家美术馆）现在被印在全世界无数的明信片、海报和 T 恤衫上。这种凝视默默地要求着："让我看到你吧"！画家极力地表现出一个扭曲的形象，想用压抑的尖叫回复神秘的召唤："你要怎样？"这个令人痛苦的问题希区柯克的《后窗》（1954）中的谋杀犯也问过。谋杀犯被一直在暗处观察他的神秘摄影师的突然闪现晃得睁不开双眼，就在这时他提出了同样的问题。而那一道闪现的就是凝视。

拉康从姐夫马松那里了解到当代艺术界的趋势。他发现，抽象表现主义和战后美国艺术作品是直接暴露于凝视之下的。威廉·德·库宁（Willem de Kooning）的一系列刻画扭曲暴露女人的大胆画作轻易地被归到了以蒙克为代表的表现主义派之列。但是同样暴露于凝视之下的还有马克·罗斯科（Mark Rothko）和杰克逊·波洛克（Jackson Pollock）等画家充满硫磺色和扭曲的抽象作品。拉康并不分析绘画史上某个运动，他经常表示他唯一的目的就是探寻艺术在社会和心理学的根本作用。

在探寻艺术在社会中的作用时，拉康想要把自己的观点和弗洛伊德的区别开来。他尊重弗洛伊德，尊重他想要解开艺术创作的谜团的做法，考虑到弗洛伊德的目的就是在解开这个谜团的同时解开另一个谜团，那就是为什么一些人对性冲动会产生神经官能抑制，另一些人则对性冲动产生非神经官能升华。弗洛伊德把达·芬奇的生平当作临床案例来研究。达·芬奇曾画过两位母亲。她们的眼睛让他忆起儿时的情人，二人的恋情开始热烈，但以失败告终。弗洛伊德将这幅艺术作品和神经质克制关联起来。对拉康来说，这种做法将分析禁锢在了主体间互惠的想象界，而没有将其恰当地归于符号层面。在符号层面，父亲能指的无意识心力内投可能会分割新生主体和非自由的新生主体母亲的背景。

拉康用象征性父亲的能指取代想象性对母亲的幻想，这一做法是基于弗洛伊德表征代表（德语为Vorstellungsrepräsentanz）的观点。拉康从弗洛伊德有关梦以及其他类似语言的无意识构成的书籍中提取了此观点。拉康不断强调，弗洛伊德口中的无意识并非杂乱无章的想象和情感，而是一种语言表达，这种语言表达虽与有意识的话语不同，但其构造也是能指的结合和替换。表象（Vorstellung）就是其字面意义，即"放在主体面前的东西"，它是想象维度中消失"物"形象的代表。然而，表象不能直接作为无意识的形象代表自己，只能间接地通过其语言代表，即意指代表（signifying Repräsentanz）来重现自己。这个能指代表在其主要象征维度中重现想象代表，因为他者的形象只可以在无意识中以语言能指的形式被代表。他者的形象可能难以摆脱，但是其语言能指可以被压制，因此或许也可以被重置并释放。

鉴于"我是男人还是女人"这个问题所有人都想解决，对拉康来说，有一个能指代表了整个对男女概念的无意识意指领域。这个无所指的能指有其构成一个临时的空缺作用，它在这个作用中相当于符号菲勒斯（Symbolic phallus）。而形成的这个空缺会被其他能指填满。菲勒斯能指作为表征代表（Vorstellungsrepräsentanz），能够让缺场和在场进行象征互动，这样使任何事物的代表从结构方面得以加强。在其作为一个器官的自我毁灭过程中，象征阉割的菲勒斯包含了拉康的升华论的一个部分。

在简短的总结中，拉康表示弗洛伊德对于升华的理解缺少了重要的符号维度。弗洛伊德说，艺术作品不仅仅使艺术家感到满足，同时也满足了另一些人，这些人认为至少社会中会有一些人能够从自己的欲望中得到满足感。拉康的想法却截然相反，他坚持认为观赏者从艺术中得到的是对满足感的放弃。艺术让人在神经层面放弃了获取享受的冲动。艺术是如何保护我们的呢？是通过将"物"代表的有益乐趣与"物"本身的不良享受欲加以区分。

从极现实作品到最抽象作品，艺术公然将自己伪装成与其本质不符的东西。即使是最平淡的艺术也是如此，例如美国概念艺术家约瑟夫·科苏斯（Joseph Kosuth）的《一把和三把椅子》（1965，纽约现代艺术博物馆），就让观者处在一个画廊里被人为框起来的虚拟维度中。拉康表示，当我们走动时会引起对作品凝视的短暂停滞，我们不让这种对有效假装的认知发挥作用。我们通过走动逃避《蒙娜丽莎》的邪恶凝视，躲避《大使们》的不雅污点，这时候，作品的想象界诱惑就被削弱到了一个被耗尽的状态，也就是被切断的客体"a"。拉康不断敦促艺术主体避开对画面的大量想象，把艺术主体与那可悲的对母亲的欲望画上等号。

拉康虽然反对从艺术史的角度进行研究，但是他也让自己的观众踏上了一场旋风之旅，经历了不同时期的凝视。其中包括在拜占庭的耶稣的圣像，这些圣像让中世纪耶稣的信仰者全心追随，至死不渝。拉康说，圣像的创作者无意识地相信耶稣本人会高兴地欣赏这个带有自己的代表凝视的作品。中世纪上帝的凝视之后，就是文艺复兴时期统治者的凝视，观者会无意识地记住统治者无形的凝视，就像在威尼斯总督大殿或是凡尔赛帝王的大殿里一样。在这之后，就到了 19 世纪和 20 世纪，商业艺术市场上的买家和卖家的资本主义凝视。在这个时期，普通百姓也无意识地拥有对展出作品的能指。"我或许不姓罗斯柴尔德（Rothschild）、洛克菲勒（Rockefeller），或者萨奇（Saatchi），但我知道我的喜好。"

拉康坚信，艺术的根本作用并不是为了取悦人们而对世界外观的模仿。他赞许了梅洛-庞蒂，因为他推翻了这种视觉偏见，他认为画家作品不是眼里所见事物的再现，而是在面对他者充满渴望的凝视时，充分表达出来的牺牲性行为的最终结果。拉康最开始引用的梅洛-庞蒂的例子就是在作品中大量运用色彩块面的塞尚。在这些一块一块的色彩块面中，拉康看见的并不是精心的选择，而是一种无意识的几近于本能的创作，拉康把这比作自然而然落下的雨滴。塞尚画布上所展现的是对大他者凝视的无意识的强制回应。在这种他者凝视出现之前，塞尚就已小心翼翼地放下了自己的凝视武器。

拉康认为，主体的他我（alter ego）与镜子反射的理想自我在镜像阶段产生的对峙，就相当于不会说话的婴儿与他者深不可测的凝视产生了不对称的相遇。正是这个与他者相遇的原始阶段，给予了艺术根本的"戏剧性"（theatricality），使得每件作品都成了一个无法预测胜败的战场。因此，画作、雕塑或建筑永远不该被投射在幻灯片上，因为艺术的本质是欣赏一种对现实界的呈现，一种类似于仪式的特殊行为，人们希望通过这样的方法满足神秘凝视无声的要求。在他者的凝视下的罐里排泄时，我们就会发现自己正从一根管里挤出颜料。我们从自己身上撕掉可悲的那一部分，我们的排泄物，也就是我们回应他者虐待般凝视的产物。与此同时，我们也同步参与创造出了残缺的客体"a"和被排泄出的能指的自我。1961 年，意大利概念艺术家皮耶罗·曼佐尼（Piero Manzoni）排出了 90 罐粪便

（Merda d'Artista），其中一罐现在展出在伦敦泰特现代美术馆。

但是如果凝视的要求是无声的，那么其回应也是一样。凝视让眼睛充满渴望，眼睛想要通过一遍又一遍地创作并展示出更多艺术作品来得以休息。这就是为什么我们的艺术史会不断变化重复。对拉康来说，艺术历史变化的多样性相当于主体在寻求永久躲避"大他者"凝视的无序力量的道路上多次失败的探索。

第五章

The Fifth Chapter

表象代表

第五章
表象代表

　　围绕失去客体形成的空无展开，画作是一个凝视的陷阱（法语：piège d regard，字面意思是"陷阱的目光"）。观者热切的目光被引入圈套，享食想象界中视觉表征的果实，这样一来就使得画家能够驯服他者不服从的凝视（dompte-regard，字面意思为"驯服的目光"）中蕴含的对抗之力。普通的观者可能一上来就屈服于画者，而放下了他们凝视的武器，然而传统的老行家会直接用盲目且非人的目光回应画者布下的局。面对这种通过视觉表征的符号界语言表象出来的神秘沉默，画作的真相得以清晰表达。在这里画者用作品中想象界中的统一体来吸引观者眼球，同时想象界中的统一体被表现为符号结构中虚构的产物。而透视的透明窗被显示了其本相，即一块不透明的屏幕。

《宫娥》

　　《研讨会：第8卷》收录了一份未发表的关于心理分析的讲稿。其中，拉康对一幅画十分关注，画者把自己也放在了画里，这幅画就是马德里普拉多博物馆中迭戈·委拉斯开兹（Diego Velázquez）1656年的大作。画上的皇宫里，画者正在一块很大的帆布上作画，旁边是5岁的玛格丽特公主以及她的侍女们。后者也正是这幅作品为后人所知的名字，"Las Menias"的由来，西班牙语中"宫娥"的意思（见图8）。在1964年的研讨会中，又是巴黎的一个文化事件

图8　迭戈·委拉斯开兹　《宫娥》（1656）

使得拉康与这幅作品邂逅，激发了他对该作品的热情：米歇尔·福柯（Michel Foucault）的《事物的秩序》（法语原文：Les Mots et Les Choses，即《词与物》）中的一篇文章即将于 1966 年出版。福柯是一位颇受争议的人物，他既是哲学家，同时也是研究精神病学、性行为、知识与权力的史学家。这篇文章已在前一年单独发表，但是后来又有幸成为书中的第一章。艺术大师福柯对画中画家、观画者、公主，还有背景中镜子里隐约可见的国王、王后——多个复杂凝视的分析，一经发表就使他成了艺术史界和文化研究中的权威，其地位迄今都未被撼动。然而，随后涌现的关于《宫娥》的评论中，却几乎没人把拉康那些未发表的讲稿当回事。在凝视理论出现前，观者看到的不过是一片混乱。

福柯把对《宫娥》的分析放在《事物的秩序：人类科学的一次考古》一书的开篇，实际上是在展示一幅体现十七八世纪近代早期世界思想文化的图景。福柯指出，在这个"表象中的表象"中有一个重要的虚空，标志着观察主体不在场于被观察客体，被观察的客体被想象成独立于主体观察行为而存在。这在《宫娥》中意味着，正专注于其作品的画者既可以代表被表征的客体，从我们的凝视中移开的画布，也可以是表象主体——望向画外的画家本人。他不能同时表现主动的表象主体和被动的表象客体。既然我们看到的是画家的正面，一个暂停作画的动作，我们就无法看到背朝观者的油画上刻画的内容，他可能刚才还在画，也可能他很快会回来继续画。

将视线从巨大的帆布上移开，看来是暂停了作画，委拉斯开兹似在与画作外面可见空间中的主体交流，这个空间本是模特一开始该站的位置，也是观者后来应该站的位置。对于福柯而言，画者当时要画的模特只可能是菲利普五世和他的妻子玛丽安娜王后，他身后墙上挂着的镜子里反射出的就是他们苍白的面容。看着画家的向外凝视，观者会感觉自己好像是个篡位者，占据了君主的主权空间。画者与他的模特国王、王后以及绘画，以及后来的观者间的无数次凝视交换，在福柯的想象中都有一个使人产生错觉的双向结构，这个双向结构拉康定义为"镜像阶段的自我与他者"。正是这种想象界的视觉相互性的断裂与无意识欲望的符号界能指成了拉康批判福柯的基础。

正如《心理分析的四大基本概念》（拉康 1964 年 1 月至 6 月在巴黎高等师范学院记录的 1977 年英译本）中所阐述的，站在画前的观画者不仅能从几何的角度来看一幅画，同时仿佛被转化为表象目标图画的欲望主体。我可能会想象自己控制着进入所看油画空间的视角，但画中的某些东西会从某个偏离中心的点回视，击中我欲望的主观亲密性，这令我吃惊。谈到《明室》（1980）中的摄影术，罗兰·巴特后来对都能拿来研究的图像外表和穿透个体观者热切目光 / 我（eye 与 I 发音相同，因而同时含有"目光"和"我"两层意思）的单点进行了区分。

正如在无限展开的意指链中语言表象的无形主体是另一个能指的能指（一个接一个），视觉表象包含的主体也不过是我们的眼睛即时即刻扫描绘画结构表面过程中一个色斑中的另一个色斑。"我"同意语言赋予的那种虚拟主体性即分裂的主体（用 $ 符号表示），通过将自己附着在一个接一个地延指的能指上，就拿现在来说，这张纸印满了字，一定程度上是通过"我"到位的手指打字动作完成的。
"我"也同意绘画中各异的具体客体性（用符号 @ 表示），
由此"我"发现"我"的目光附着在一个又一个彩色的点上，
情感性的累积使我形成了视观驱动的一种无言主体。

　　在词的符号界使用域中，"我"透过干预屏向自己呈现
这个世界，干预屏是由与我作为人——或男人，或女人，
或亚洲人、非洲人，抑或天主教徒、穆斯林、印度教徒或
犹太人所独自经历的传奇和创伤相联系的一系列能指构成
的。在超出了文字企及的视觉领域的现实界维度中，"我"
通过插入各种颜色形状环绕的窗口将自己呈现在世界面前。
这些颜色和形状都是"我"在视觉领域错过与利比多邂逅
的剩余物。视观驱动的现实界窗口与欲望的符号界屏幕将
通过艺术作品的想象界结构同时持续下去，用符号 $◇@
表示。

　　如果"我"姓名的能指代表了"我"，或者代表着"我"
说话时所处的语言及语言编码的人际社会，在视觉再现中
"我"的等价代表就是"我"自己的客体"a"这个看不见
的幽灵。面对《宫娥》中刻写的不屑表情来说，"我"和我
描绘的客体副本之间的间隔成了凝视中难以找到的客体。
拉康说："在这幅画凝视的力量下我会低下头，就好像在他
者强制规范使用便壶的要求下，我会在便壶前脱下裤子一
样。" 因此一幅画的精髓不在其代表的想象界的酷似，而
在于现实界中的令人不屑一顾的事物在符号界得到了升华。
若从使我呆立于便壶油画前的符号界自我理想中减除想象
界中的理想自我（我愿意以模范观者排泄者身份出现），
剩下的便是既无文字也无图像的现实界残留物。这就是所

谓的客体"a"——毫无意义的残留物，未加约束的视觉与排泄式原乐，强烈的性冲动始终顽固地围绕于此。弗洛伊德将他的研究集中在无意识的能指在欲望压抑与表达中的作用上，而拉康表示他对心理分析理论的独特贡献则在于坚持主体的分裂不仅表现在语言的修辞效果上，还体现在视观驱动的视觉拓扑学方面。

在拉康研讨会的前十年，也就是在1953—1963年，他所强调的是通过能指的效果来分离主体，该能指即陌生的符号——该符号在具有固定动物本能的生物死亡及作为多变的性欲望驱使下的幼稚主体重生时构成无意识。用现实界的动物存在替代符号界中人的意义时，意指的力量开始抵消与想象界中镜像阶段对应物的强制认同。自我与他者的强烈碰撞并没有将客体"a"在现实界中的残余抛在一旁。这个神秘的客体开始出现在欲望曲线图的幻想公式中（表示为 $<>@）。现在这个视觉幻想却将无意识中分裂的主体与原始肉体欢愉中失去的客体"a"置于一个不稳定的平衡中。身体需求的现实界压力可以转化为要求得到关注和爱的符号表达，但必然存在的、未得到满足的欲望残余则要忍受下去。

在拉康教学的第二个十年中，大约是1964—1973年，他的重点从主体异化在符号性阉割（或肉体存在的失去）中的话语角色转向了具身主体与意指链的分离，而意指链似乎至今依然是主体身份赖以存在的基础链。站在列奥纳多1957创作的《圣母子与圣安娜》前，拉康在婴儿耶稣身上看到的是典型的弗洛伊德学说中失去的母性菲勒斯的意象。站在霍尔拜因完成于1964年的《大使们》的侧面，拉康从变形的骷髅头中看到了自己被正统的心理分析学派逐出的象征。拉康穿越了正统的弗洛伊德理论的界限，为视观驱动的主体空间进行了特殊研究。尽管视觉欲望想象界客体的失去仍与符号阉割联系在一起，但也日益与母婴凝视在现实界的失去相联系。

莫比乌斯环

考虑到凝视作为视观驱动的现实界客体，拉康坚持将眼睛的拓扑结构作为一个唤起情欲的区域，因受到外界的刺激（如裸体或者绘画的裸露面）而睁开或合上。眨眼的节奏调节着身体与外界的视觉关系，因此《宫娥》画里的画家重重覆盖着的凝视使拉康感到惊讶，他的位置处在一片阴影中而显得模糊不定，不知道他是在朝里看还是朝外看。莫比乌斯环就是拉康用来体现向内看还是向外看幻象凝视的摇摆不定的一个图像。它由一个连续的环组成，只有一个面。想象一下把裁缝的量尺两头接在一起形成一个环，一面用红色标着英尺，另一面用黑色标着厘米。一只红色的蚂蚁正在穿过外面标着英尺的那圈，而一只黑色的蚂蚁正在里面标着厘米的一面做着同样的事。在这个形状中，二者是被隔离开来的，因此红蚂蚁永远也不会进入标有黑色刻度的世界，而黑蚂蚁也同样永远不会越过他另一侧的红色界限。然而，这种非此即彼的对立在莫比乌斯环中得以存在，只需将带子拧一下就可以直接将红色的一面与黑色的一面连在一起。当红蚂蚁在熟悉的红色刻度上踏出一小步时，它发现自己进入了标着黑色刻度的陌生世界。荷兰艺术家 M.C. 埃舍尔（M. C. Escher）1963 年的木版画作品《莫比乌斯环Ⅱ》（红蚂蚁）为 2004 年出版的拉康《研讨会第 5 卷》提供了很好的封面，书中是他 1962—1963 年关于焦虑的研究。

拉康对数学拓扑学中的连续表面更感兴趣，而非断续的语言分割。他希望他的观众去想象艺术与人类的互动，就好像有一个莫比乌斯薄膜通过人身上的孔将内部与外界联系起来。风景映入眼中，而眼泪却从中涌出滑落，或许滴进了清晨的一杯咖啡中。因此，正是由于这种不可见的视观客体的情感残余使得人的肉体性与艺术作品的物质性结合在一起，成了一个连续的、升华了的环。正如蚂蚁的世界在从红变黑的过程中，越过想象界的界限进入了现实界一样，视观驱动现实界的动力也推动着语言的符号界主体超越身体的想象界界限。这种情况发生于身体以失去的客体为中心，而失去的客体在艺术品中得以重构时。客体视观驱动的主体会在环绕位于艺术作品外的客体"a"后回归自我，获得重生。

在艺术升华的作品中，为了从中吸取过剩的现实界原乐之迸发，符号界的主体预想了想象界的客体。就好像精神分析中的病人，试图在分析家沉默的存在中通过利用语言能指穿过他（她）幻想最深处的那条路；视觉艺术家冒险进行自我分析，通过在脑海中想象，形成他（她）具有独特轮廓构型的客体"a"的物质形式。这种亲密的客体扭曲的拓扑结构即非内部的，也非外部的，即非有意识的，也非无意识的，拉康称之为"外隐（extimate 与 intimate 相对）"。

视观驱动失去的客体"a"既不是母亲眼中也不是孩子眼中一度闪烁的凝视，尽管这是一种相互的模式，依赖于弗洛伊德讲述的有关达·芬奇失去微笑的故事。拉康在他充满欲望的眼中和委拉斯开兹诱发欲望的画中找到了凝视的自我物化，它是一种神秘离奇的东西，难以言喻。然而，我倾向于把它想象成一个膨胀的气球，上面带有四根刺，填充了中间的间隔，并插进原始的"物"和不会说话的婴儿的光孔里。所以，我们为什么要看艺术呢？为了给泄气的气球注入新鲜的空气，而这个气球正是不可见的失去的凝视。

拉康一直不厌其烦地强调，人类的欲望即对大他者的欲望。那么《宫娥》中又是谁的欲望岌岌可危呢？拉康相信委拉斯开兹一定也有对他者欲望的欲望，他最后被授予了贵族十字架，可能正是通过这种形式体现出来的，而且据说这个十字架还被国王亲自画在了《宫娥》中他的自画像的胸前。但拉康一直坚持他的兴趣不在于从艺术史或心理分析的角度重建失去的艺术家意图。

他关心的是在主体接受心理分析治疗过程中揭开绘画的视观结构，该结构即相当于主体的无意识结构。对拉康来说，《宫娥》展现的是人类欲望的基本逻辑，为我们解开了一个谜，画中画家背对着我们的帆布代表着这个场景中心主要角色的凝视，即玛格丽特公主，"拿给我看看"，她命令道。如果从精神分析家所处的位置上来讲，即分析客体后面的咨询室——分析客体想知道这个分析家是怎么想的以及对她有多少了解，在拉康看来，委拉斯开兹会这样回答："在我看到你的位置上你是看不到我的。你用想象界的眼睛看我，一厢情愿地以为是相互的，然而我看你时是符号界凝视的幻灭，在其能指范围内欲望的表达是受到制约的。无论我假装拿给你看的是什么，都不会是你想看的。"分析家与分析客体间的这种不对称性最近又在阿根廷艺术家巴勃罗·雷诺索（Pablo Reinoso）设计的"拉康博士的陈列室"（1988 年，巴黎，私人收藏）中上演了。它是一个通风的塑料圆形罩，里面有心理分析用的长沙发和椅子。

在双重欲望的心理分析场景中，我们再次看到了古希腊画家宙克西斯对他的对手帕拉西奥斯提出的要求。他让对方给他看他所看到的那堵墙上的窗帘后面是什么。而我们再一次看到了这个愚弄观者的把戏，让他们相信面具后面有东西，其实不然。拉康一再坚持，不存在他者的他者；也无法肯定幕后有什么人知道是怎么一回事。上帝不知道，奥兹国的巫师不知道，心理分析家也不知道，但存在这样的差异：拉康派的分析家声称他们知道他或她并不知道分析客体的秘密，实际上也确实如此。

在典型表象的时代，一个人有形存在的哲学确定性要求确保一个全能、全知且仁慈的上帝的存在。不能指望这样的上帝利用我们感官的不靠谱情况，如幻觉、发烧及做梦。同样地，正是由于 17 世纪专治统治者全视凝视的隐性存在才保证了这种表象的有效力量，作用于其中的所有主体。在《宫娥》中，公主及其宫娥表象的意义取决于镜中她父母脱离实体的凝视。他们的统治要求她来作为他们的继承人。然而对于拉康来说，委拉斯开兹使宫廷表象的基本法权变得扑朔迷离，他揭示了其精心营造的视觉构造不过是假装在帆布上着色，其实上面可能根本什么都没有。因此，笛卡尔的理性主义口号"我思，故我在"（法语：je pense donc je suis）遭到了唯物主义者委拉斯开兹的挑战：我画故我在（法语：je peins donc je suis）。"我"，是所描绘的能指的主体，通过在帆布上乱涂画客体"a"的什么狗屁颜料获得了点滴的原乐。

福柯亲自参加了拉康诸多讲座的一场，在那次讲座中拉康阐述了福柯用另类的力比多（性本能）方法解决委拉斯开兹画中之谜的拓扑映射。镜子到底想向我们展示什么？福柯主张，我们看到君主的身影映在镜中，他们站在了这幅画的可视范围之外，就好像我们观者现在所处的位置一样。公主和宫娥在看的客体都是暗处的君主，也是画家作画的客体，他所呈现的自己正在为国王和王后画像，而我们只能看见他们的背影。拉康不同意对这幅画的这种解读，他坚持背对着我们的画布上正是《宫娥》这幅画本身。

在福柯看来，这面镜子呈现的是一种实在的映像。然而拉康认为镜子不应被理解为真实物理空间内王公贵族们在想象界的假象，而是他们在表征世界（即西班牙宫廷）里绝对凝视的符号性铭刻。委拉斯开兹的画中画进一步突出了整幅画的表征性地位，根据拉康的比喻，这一地位全面贯穿整个绘图方案从而使其结构呈现清澈透明之态，吸引了我们的凝视。在对《宫娥》的理解上，拉康将其看作西班牙宫廷在意识形态上再现的图像代表，即表象代表（Vorstellungsrepräsentanz）。通过它，现实界内无法再现的焦虑在图像符号象征艺术的形式下被赋予了必要不充分的想象性再现。

作为非物质再现的物质性代表，这幅画根据幻象公式"–$<>@"将两种互相排斥的要素缝合于一体：由于语言的介入而与其物质享受分离开来的主体和无形的对象客体 a（极少量与可怕的野性物欲有关联的无中介视觉残余）。丢失的视觉客体的再现重塑了贯穿一切的凝视。在这凝视下，母亲／大他者的欲望曾不可思议地得以体现。"为什么画家、公主和她的父母都在看我？他们想要什么？我又想从他们那儿得到些什么？"

在他看来，投向他的画中凝视和公主裙下同时也是他自身的阉割焦虑有着密不可分的关系。在他的想象中，裙摆下面有一道王室表象的无形裂缝（fente）。拉康想象着在这个 5 岁公主身上不可见的未来性征成熟之处会有想象的菲勒斯出现，并以其虚幻的能力满足国王和王后希望玛格莉塔继承王位并拯救日益减少的王室财富的欲望。

当福柯选择就镜中的现实目光对《宫娥》进行分析时，考虑到视觉表象的欺骗性，拉康则是以妄想症般的超现实主义洞察力对画作进行解读。

在拉康 1966 年为出版《文集》（*Ecrits*）撰写的有关其先前智慧的一篇前言中，他承认自己在反现实主义的立场上受到了达利的影响。早在 1964 年，面对霍尔拜因的《大使们》中变形的头骨，以象征阳具的柔软钟表为特征的妄想狂式达利体系就已经被提出。鉴于需要公主去发现画中隐藏的真相，我们描述了一位挑战男性形象的女性歇斯底里患者，而这一男性形象可对她行使权利。在拉康错乱而亢奋的幻想中，公主拒绝接受她在王室婚姻这出戏码中被指派的角色，而她的身体命中注定就是父权互换交易中的筹码。

画家于 1656 年为公主玛格莉塔画像，当时她还是她父亲西班牙国王菲利普四世的正式继承人。他和第一任妻子的儿子死于 1646 年，不久他便娶亡子的未婚妻为妻，也就是他年方十四的亲侄女奥地利公主玛丽安娜。我们可以看到，在画中人们身后那面墙上的镜子里两人的脸挨得很近。委拉斯开兹作画后一年内，王后便产下一子，自此玛格莉塔终于不复占据她父亲皇家抱负的中心地位。然而画中 5 岁的公主却仍在不解地发问："你想让我怎么做？被当作哈布斯堡王室想象界菲勒斯对我来说意味着什么？"裙子紧紧收束在她腰间，腰部以下的布料向四面扩散开去，造成一种骨盆看似已发育成熟的视觉幻象，传达出希望年少的公主成为王室多产象征的愿望。

展示和隐藏想象界菲勒斯产生的这种欺骗是精神分析对恋物的定义，因此象征了菲勒斯的公主的男性幻想为拉康树立了阉割焦虑的典范标志。通过自上而下打量这个青春期前的小女孩的身体，弗洛伊德派精神分析家和超现实主义艺术家们看到了想象界菲勒斯的等同物。在很能说明问题的一幅画中，毕加索的变体画把公主从群像中剥离出来。

画家、公主和她的一名侏儒侍者从《宫娥》的前景将视线投向画外观者所在的空间。当进入这个冲突的空间时，我们会带着向我们自己再现这个世界时会使用到的观察习惯和了解事物的习惯。一方面，我们在自身面前坚持语言能指的隐藏以使图画表象能适应现实中的预设表象，这些预设表象即我们愿意以各种不同的方式承认女人或男人的身份。另一方面，在丢失了绝大多数的个人物件之后，我们心中仍会有特定的空虚残余。这些原始物件未对发音清晰的语言或是视觉映像的表面构成屏蔽，但正是它们的丢失使这些表象成为可能。作为表象代表的前身，它们使表象的模板在镜像阶段的时间和地点得以确立。在此阶段，尚未开口说话的孩子会发现自己在用其客体化的镜像玩一种名为"藏猫猫"的主体化游戏，这一过程中他会一直确保检验游戏中引诱和假动作这二者作用在某个成人或几个成人（他们负责在镜前平衡孩子摇晃不稳的身体）身上的效应。通过不稳定的结合，我们语言上的屏蔽和丢失的空间组建成了脆弱不堪的窗框，并透过这些窗户凝视这个世界。

观者在他或她的窗前观看《宫娥》，《宫娥》也从画框内回看观者。倘若画框的直径精准且贴合观者窗户的尺寸，那么便会出现一种现实主义的想象界效应，具体表现为委拉斯开兹的表象与观者无意识中为人和画相遇带来的表象的不谋而合，无论观者是国王、王后、公主、侏儒、毕加索、福柯、拉康，我还是你。但是《宫娥》表面上的真实性将受到质疑，且倘若观者无意识观画的窗口和画框之间差异的裂缝有如此之大，那么其表象下的假象也将被揭露出是表象代表的符号性影响带来的后果。根据拉康的观点，委拉斯开兹通过一面具有符号意义的镜子为国王和王后描绘了一幅不可思议的图画。这一行为削弱了想象中宫廷的一致性，而这面符号性的镜子似乎也有违光学定律。

透过这面王室的镜子所发出的黯淡光芒，拉康预见到了媒体时代下电视机屏幕的不祥未来。战后的欧洲主体和美式资本主义商品之间各自无法满足的欲望的联系在黑白电子屏幕上拥有了幽灵般的存在。考虑到拉康曾痛批美式自我心理学只知鼓励病人学会适应战胜资本主义的行为准则，他或许会对改变美国国企标识中的 USA 为 U$@ 感到好笑。我的压缩公式意在传达如下想法：结构冲突的无意识（Unconscious）压抑产生于自由民主制度下空虚而正式的主体（$ubject）（一人一票）和全球消费主义倡导下疲惫焦虑的现实客体（@bject）之间（买到累趴下！）。尽管艺术品常常只充当奢侈品的角色，但主体和客体在艺术真品中却会冲突地被面对面放到一起。1986 年，美国概念艺术家詹妮·霍尔泽（Jenny Holzer）在拉斯维加斯恺撒宫赌场前一块巨大的电子广告牌上创造了她众多的商业标志之一，这句话直接对话资本主义和欲望间的矛盾："远离我所欲。"

委拉斯开兹突出了其画作表象在虚构的宫廷表象中以多种方式作为物质代表出现的重要性。画家暗示了阳光的凝视，而画作表象正是建立在其基础之上，透过位于画面右侧边缘的窗户缝隙射进室内的一丝光明就是（凝视的）全部，但同时它也是不可见的。画家模仿了穿透画面空间的透视法，在人们身后的那面墙上开了一扇门，而门后是通向远处某个大厅的台阶。同时他还描绘了其他挂在房间墙壁上被加框的油画。最重要的是，委拉斯开兹通过描绘自己以一种停滞的姿态和停留的目光手持画笔和调色板站在一幅立在木头支架上的巨大画布旁承认了画作表象基本的构造性。正是这幅画中画的在场使《宫娥》免于出现福柯坚称的表象之幻象，从而使它成为拉康语言体系中被坦率表明的表象代表。

人的处境

　　为阐明其声称的观点，拉康转而对马格里特的超现实主义作品进行分析，他们两人都很渴望将 20 世纪的文化从现实主义表象下的想象界束缚中释放出来。在 1933 年完成的《人的处境》（图 9，现藏于华盛顿国家美术馆）这幅画中，马格里特将一幅画架上的风景画置于窗前，窗外是和画上相同的风景，这便使整个画面都消失在了室外的景色之中。然而至关重要的是，马格里特否认自己通过保持画与窗户玻璃严格平行的位置关系来实现对画面的扭曲进而造成画作本身与外界联结的错觉。由于这种不当的位置摆放，画布看起来既超越了外界景色的界限，同时又未能碰巧与之贴合：画架上风景画的左侧边缘和窗帘略微重叠，而窗帘又遮住了窗框；附在画作右侧狭窄的空白边缘闯入了窗外通透的景色。以这种方式来看，和霍尔拜因扭曲的头骨近似，马格里特的画中画无需承担在意识形态上认证传统现实表象的职责。相反，这面画布表明了这幅画作为世界的想象界表象之符号界代表的虚拟地位。视觉上轻微歪斜的角度带来了现实界的变形，于是造成了眼睛和凝视之间同时也是窗外景色的想象界表象和画布上的画这一符号界代表之间不可简化的裂缝。这一裂开的伤口在人的处境中便是客体"a"的丢失。

　　关于《宫娥》里那幅只显示了反面的画布，我们可以通过调整使其方向和《人的处境》里的画布近似，这只需以画布可见的左侧边缘为轴向左旋转直到画布被隐藏的正面开始显露并最终完全叠加在所绘场景之上。如果叠加完成的画面与其边缘外部依旧可见的房内景象完全一致，便符合福柯所谓的的表象之想象界表征。但是，如果像马格里特那样，我们在空白边缘消失在阴影里之前得阻止画布旋转绕过画的正面，那么我们就要像拉康一样面对表象之符号界表征在字面意义上的物质性。画家委拉斯开兹在这方面和分析家拉康是相似的，后者随时准备针对精神分析对象有意识的言说话语中现实界的无意识中断进行评价。关于绘于画家胸前以示敬意的十字图案（它代表画家所付出的努力是致力于高贵死亡的符号性陪伴而非日常生活的想象性变动），拉康坚持认为从未因被国际精神分析团体的除名而把自己视作受到相当于被钉死在十字架上的惩罚，通过此举拉康也承认了自己有妄想症。

图9　勒内·马格里特　《人的处境》（1933）

由于创立了新的精神分析实体，1966年拉康将其六次研讨会中的精华部分花在了重现《宫娥》中凝视的致命作用上，即丢失的视观驱动的客体，也是被切断的主体视觉欲望的原始成因。拉康在其未出版的研讨会的第15本书中讨论了有关精神分析的行动，在书中他重新使用了《宫娥》的例子。此举意在阐明精神分析家有道德责任保证受分析者欲望话语中他或她自身凝视是在场的。拉康表示精神分析家在分析过程中必须像委拉斯开兹作画时那样为自己定位。

　　正如精神分析一样，画中的凝视在在场的同时也是被隐藏的。精神分析家应该了解病人自身所不了解的痛苦的背后原因，正如我们假定画家懂得透视绘图法的法则。而父亲的宫廷的样貌正是通过这种绘图法展现在公主面前的。然而，由于客观视角的想象界之眼的不在场，画家并未在《宫娥》中描绘自己的在场。他将自己的主观凝视描绘成在场却又停留在了艺术家在国王王宫里的工作室这一符号界背景上。拉康将看和画这两个动作之间的这道裂缝看作等同于话语中的差距，且主体意识到的未知知识通过后者无意识中得以发声。

　　在委拉斯开兹既扮演画中主动的画家同时又作为被动的画中画出现的自我表征中，温文尔雅的观者们或许会感到被剥夺了欣慰的幻想，即艺术能在他或她的眼前把世界排列成一个想象界的感知客体，且不牵涉他或她自身的符号能动性。即便是在画家的自画像中，拉康也没看出有丝毫直接在场的幻想的存在。委拉斯开兹在遵循文化传统描绘自画像时并未像颠倒的镜像所显示的那样用左手

（sinister）挥动画笔，而是用了含有优越符号界隐含意义的右手（dexter）。在完成于1879年的《手持调色板的自画像》这幅画中，委拉斯开兹的崇拜者爱德华·马奈（Edouard Manet）再现了这位大师的符号界立场。但是不同于他的西班牙现实主义的前辈，这位法国现代主义画家承认想象界的镜中颠倒，因此他表面上在执笔的左手被简化为了迷失的客体"a"不可能存在的现实界之模糊。

如马奈的自画像所示，一只活跃在画布上作画的手不可能同时带有镜中不动客体的样子。对拉康来说，精神分析家对受分析对象表述其话语的主动关注和分析家的被动反思（对被分析对象视分析家为无所不知的凝视形象的反思）之间也存在类似的分裂。从病人的痛苦变成一个有待知情大他者回答的问题的那一刻开始，他的话语正是向着这种预先假设的知识之凝视讲述的。正如画家和公主之间一样，对精神分析家来说，知情凝视的推断的转移便是对病人的投射，即的确有人真正看得到也真正知道。"那就证明给我看！"她说道。但描绘公主的画家却没有任何行动，因为和沉默的精神分析家一样，大他者什么也看不见，什么也不知道。

我是男人还是女人？

第六章
我是男人还是女人？

　　拉康的心理分析行为研讨会像法国所有其他事情一样，因 1968 年 5 月的革命行动而中断。学生对公立大学不满，纷纷走向街头，高喊革命口号，明显带有拉康的特色："立足现实，指向不可能！"拉康认为，以暴力方式同警察对抗，不能视为恰当的精神分析行为，因为精神分析行为是以象征性语言媒介为表达方式的。政府对学生的欲求充耳不闻，学生采取了暴力行动，当归于想象界范畴。尽管如此，拉康仍将研讨会暂停了一个月，对学生的愤懑示以同情。一年半以后，在万塞纳郊区建于 1969 年的巴黎大学实验分校，举行了一次临时会议对前一年的抗议事件作出回应，拉康警告反抗情绪依旧高涨的听众，注意不要浪费革命热忱，陶醉在自我炫耀中。作为警示，拉康向学生解读了过世不久的好友杜尚的一副代表作《新娘，甚至被光棍们剥光了衣服》(*The Bride Stripped Bare by Her Bachelors, Even*)俗称《大玻璃》(*The Large Glass*)（1915—1923，费城艺术博物馆）。画中的光棍们自己研磨巧克力，满脑子都是新娘，结果却是徒劳。新娘这个法文单词的前三个字母——MARiée 和光棍的前三个字母——CELibataire 拼在一起就是这位艺术家的双性别名字，Marcel/Marcelle（马塞尔 / 玛塞尔，前者为男子名，后者为女子名）。这是杜尚式的双关手法，也是拉康的典型风格。

1968年6月，法国的社会秩序已经恢复，拉康返回学校开办了最后一期研讨会。这次活动中，拉康对蒙克（Munch）1893年的著名画作《呐喊》进行了解读。在当时的情况下，这幅画面具有无可辩驳的效力，让我们能够看到国家自我扼杀的悲剧。《呐喊》表现的是沉寂的欲望之声，用歇斯底里的冲击波，臆想毁灭古板僵化、一袭黑袍的资产阶级传统熏染的大师们。画中展现的大师们沿着令人头晕目眩的角度，安静地走在大桥上。拉康不辞劳苦地宣讲，无意识语言实质上属于象征界范畴。在延续至第16年的研讨会的第一节课上，拉康重回《呐喊》的解读，是对这一无人关注的空白发出的无声呐喊。那是巴黎高等师范大学主办的最后一期研讨会。拉康因在这所大学中宣扬颠覆性精神分析理论而遭除名。但他钟爱的斯宾诺莎（Spinoza）也曾被逐出教廷，拉康反而能从中体会到任性的快乐。但没过多久，情况就有了转机。从1969年起，拉康就可以在巴黎大学的法学院举办研讨会了。

在题为《从一个大他者到这个小他者》（*From one Other to an other*）的研讨会第 16 卷书中，拉康区分了两种形式的他者：首字母大写的概括性大他者，代表着语言学、文化，以及政治领域的权威。在这些领域的能指中，主体只能取得空壳的修辞连续性，其他一无所获；首字母小写的单一小他者，即客体"a"。小他者丧失了物质性，主体才可能在现实界意识到自我的唯一连贯性。在拉康看来，蒙克的无声尖叫中，客体"a"代表了一种化身的痕迹，这种化身曾经存在于母婴相拥的子宫中，后来丢失不见。母婴原乐腾出空位，主体身上唯一的洞占据了这个空位，但这是艺术品中被再次激活的客体"a"也不可能填补的一个洞。拉康曾明确说过，艺术品的主要价值在于回到幻象之中，从内部搔"物"。但弗洛伊德认为，艺术升华意味着，将难以启齿的私人愿望客观化，使其能为社会所接受。客观的作品为拉康所不屑，他认为那仅仅是一张挂在墙上的物件。观赏者之所以被吸引，只是因为原乐无法实现，而作品却带来了解禁原乐的希望。

雕像与自我

关于艺术品，拉康总是关注，扯夫其根植于日常视觉经验的想象界伪装。通过操纵能指本身，创建新的满足次序，从而将艺术品建筑于象征界话语的尊严之上。拉康关于艺术的大多品评都涉及绘画领域，在研讨会第 16 卷中，他首次将评论范围拓展到 17 世纪天主教雕塑。那个时代，正值天主教复兴，在基督教界灵魂保卫战中，反对简单地否认宗教改革运动的神圣肖像。宗教雕塑在想象界具有魔力，拉康对此进行了详尽分析，这与弗洛伊德大为相似。1914年弗洛伊德就米开朗基罗的雕塑《摩西》(*Moses*)（1515，罗马，梵蒂冈，圣彼得大教堂）发表了一篇论文。其中写道：以色列人围着金牛犊，盲目崇拜，狂热起舞。见到此景，人民的解放者摩西义愤填膺，不禁要将两块法版摔碎，但还是克制住了。弗洛伊德将自己想象成埃及沙漠中的先人，坦言说，面对摩西的怒目凝视，自己双目震颤，不寒而栗。

1953 年《国际精神分析杂志》（*International Journal of Psycho-Analysis*）刊登了一篇拉康的讲稿，题为《关于自我的思考》（*Some Reflections on the Ego*）。其中指出，雕塑雄伟高大，为树立身体自我定下了基调。身体自我披上想象界的铠甲，能够应对公众的威慑性凝视。当时认为，出现这种现象的原因是，在镜像阶段自我通过幻象得到强化，产生了疏离效应。将近 20 年后，拉康转而强调身体自我的不足。塑像永远是石头的，相较于主体的血肉之躯有所缺失，缺失的是永恒原乐中的客体"a"。拉康不仅否认了自己的象征性阉割理论，还否认了自己曾期望成为其忠实奴仆的理想化大他者的不完整性。在两项否定的基础上，拉康指出，雕塑属于恋物癖工具。20 世纪 70 年代，好莱坞影星外形迷人，是第一代拉康派影评界所关注的焦点。与之相似，殉道圣人或昏厥的圣母玛利亚表现出裸露癖，在观众中激发了窥阴癖的变态快感。这一过程中，未阉割的菲勒斯可能不断展现。石像雕塑没有血肉，投放出的凝视，持久永恒。在这凝视之下，观看者将必死之躯屈服于永恒的"物"。

拉康关于雕塑艺术的论述，在研讨会第 20 卷书中达到顶峰，这篇评论的题目是《再来一次》（*Encore*）。Encore 是"更多！"或"再来！"的意思，在法语口语中 encore 听起来像 en-corps，"关于身体"，拉康的身体，在后来的年岁里每况愈下。第 20 卷书在 1975 年以法文出版，这事实上是研讨会的口述内容第二次整理成书面形式。但这本书的完整英文译本，20 多年后才出版。而早在 1982 年，朱莉·米切尔（Juliet Mitchell）和杰奎琳·罗斯（Jacqueline Rose）所编的一部书作就摘取了《再来一次》中有关女性之性的内容。1977 年选译版的《拉康选集》中收录了一篇题为"菲勒斯的意指"（The Signification of the Phallus）的论文，这篇论文写于 1958 年，广为人知，其中指出，象征性的菲勒斯是能够产生意义的原乐。论文一反先前的阐释，拉康在《再来一次》中补充了先前的概念，详细阐述了他所谓的女性他者原乐，而有关于此没有任何方面可以说得确切。这种原乐显然没有意义，却又非常重要。在这方面，罗马巴洛克雕塑占有关键地位，可名声不好。

研讨会系列丛书的封面画是著名的雕塑作品，呈现了西班牙神秘主义者阿维拉·圣特雷萨（saint Teresa of Avila）的沉醉体验。她将身体献给一位天使。这位天使像丘比特一样，面带微笑，挥舞着代表神圣之爱的利箭。圣特雷萨在精神自传中，描述了一种矛盾感受，身体有刺痛感，但又伴随着更强烈的甜蜜，自己不愿停止这种感受。这正是拉康关于原乐的定义，一种越界的性。这一内容，拉康在早前的雕塑品评中，已有所涉及。这件作品制作独具匠心，具有戏剧性色彩，位于枢机主教费德里克·科尔纳罗（Federico Cornaro）的小礼拜堂中。这间小礼拜堂，用于殡葬活动，位于罗马维多利亚圣母堂中。雕塑作品出自意大利雕塑家、建筑家贝尔尼尼（Bernini）之手。作品中，圣女的长袍随风鼓起，身体后仰，靠在大理石制的云朵上，云朵高高地漂浮在圣坛上方（1647—1652；图 10）。圣女的狂喜陶醉已经提升到另一高度，能够在想象界呈现。如

图10 贝尔尼尼《圣特雷萨的沉迷》(1647—1652)

此设计，主要是为了关照枢机主教及其先祖。附近的侧墙上刻有主教和部分先祖的形象，他们从侧方朝作品投以凝视，赋予作品象征性意义。这就证实了拉康的以下观点，艺术品并非注定由艺术家自身观赏，甚至也不是随机遇到的其他人，包括艺术家的同僚。制作艺术品，为的是呈献给大他者，接受大他者那难以捉摸的凝视。枢机主教及其先祖的大理石半身像，面无表情，代表的正是这种大他者的凝视。霍尔拜因的《大使们》中，嵌入变形的骷髅（从侧面斜着看方可辨清），而这件雕塑作品本可以反其道而设计——从正面看有意义，从科尔纳罗家祖先所在的侧面视角看，群雕就成了一团不成形的大理石。贝尔尼尼如此设计，想象界的幻象在现实界就遭到毁坏了，能指——表现的实体代表——失去本质意义。除此之外，如果我们将目光从雕塑正面所示的令人踏实的幻象移开，投向自己的脚下，便会发现礼拜堂的地板上刻着瘦骨嶙峋的死神。

委拉斯开兹的画作，具有戏剧性，表现了哈布斯王朝的宫廷之爱。与之相似，贝尔尼尼将观赏神圣之爱表现的威严观者包括在表现本身的空间内。他们身处幻想空间之中，在其神圣的界线内，亲眼见证了圣特雷萨的沉醉体验。我们后世的观众，处于他们的教区以外，没有特权，但也并非与艺术品完全隔绝。与之相似，《宫娥》的透视画面向外延伸，要将我们拉进窗户似的画框里。现在，我们在小礼拜堂的栏杆之外，通过自身的虚拟窗口，在此我们又占据了作品之凝视的客体位置，不过是作为作者逝后的客体。

女性原乐

在《再来一次》的评论中，对贝尔尼尼的《圣特雷萨的沉迷》（*Ecstacy of Saint Teresa*）的讨论受博物馆和教堂中罗马人纵欲狂欢题材的影响，突然火了起来（尽管拉康最近已经不再探讨这类题材）。一如往常，拉康以视觉形式的艺术品为例来说明自己试图用语言阐述的精神分析理论的成分。在此，拉康试图为以下看似古怪的论断提供了依据。他认为，在菲勒斯的象征性能指问题上，男女的地位并不对等。所有的男性都受制于阉割，这样在象征界意义上，他们的人生便上演了一出欺骗性闹剧：要么拥有，要么没有父性菲勒斯。这是普遍规律，只有一个男人例外，即无限原乐的未阉割之父。弗洛伊德关于原始部落的传说称，未阉割之父拥有部落中所有的女人，儿子们失意受挫，将他杀害。以上是关于普遍规律及其唯一特例的男性化逻辑，与之相反，拉康认为所有女人无不受制于阉割。为补偿这一象征性缺失，要求女人戴上女性化的伪装，充当想象界菲勒斯的客体，引发男性欲望。

根据拉康的推演，男性欲望的客体已经丢失，化身为女人这一视觉幻象。因而，女人相当于客体"a"，但这涵盖不了女人自身的全部意义。尽管女人作为言说存在被说成无一例外地受制于象征性阉割，但由于有无菲勒斯是男人的谜题，不能界定女人，拉康因此认为，并非女人的一切都受制于菲勒斯的功能。拉康将女人不完全受制于阉割的特性，与大他者的用于表示消失的原乐肉体的菲勒斯性词汇中能指缺失联系起来。以上这种女人原乐中奇怪的丢失的空缺原乐位于欲望曲线图的上层，用公式 S(Ⱥ) 表示，即大他者空缺的能指。

根据拉康的理论，男人已成为象征性符号或意指链的载体。而拉康理论中的女人，与之形成对比。女人被描述为本身不能指称任何事物的能指——首字母大写的女人（Woman）——却在现实界开辟了一片空间，否则，所有能指都将失去任何象征性意义。被阉割男人的原乐受制于菲勒斯"非有即无"的严格法则，但女人不同，既没有被阉割也不算未阉割。女人的原乐是补充性的，关乎身体（en-corps/encore），属于现实界，超越了在无尽意指流中漂浮的菲勒斯。这种原乐是无终点的，而总要说再来点和再来一次。但据说，圣特雷萨对于自己原乐的本质一无所知。拉康则挑衅地说，精神分析能搞清这一本质。弗洛伊德曾提过一个不雅的问题："女人要什么？"其中的隐意是女人不知道自己要什么，拉康用以上的挑衅言语，重申了这层隐意。

对于拉康"非有即无"的男性理论以及"非全部"的女性理论，女权主义者中有很多人极力反对，而另一些人则向拉康致敬，赞赏他废除了菲勒斯能指的统治性权威。我想强调的是，根据拉康的《再来一次》，男人和女人，尽管身体上的生物性特征不同，但面对象征性的性别分类，都能够在两种性别中任选其一。

拉康坚信，历史上不乏菲勒斯的女人和没有菲勒斯的男人。十字架上的圣约翰这类神秘主义者是这样，事实上拉康本身也是如此，在《拉康选集》中拉康称之为神秘投掷。在困惑的研讨会学员面前，拉康歇斯底里地展示自己的原乐定位：既是非菲勒斯性的，也是非整个女人的。拉康将自己的缺失归属为女人的小他者原乐。他的越界之乐在于突然暴发语言高潮，表达风格类似于贝尔尼尼创作的圣女，以及杜尚《大玻璃》（英文名也写作 *The Bride Stripped Bare*）的画面上部，同样飘在空中的女幽灵。对神圣的大他者讲述女性原乐，具有历史性意义。大他者的面孔不得而见，拥有上帝的凝视，能看到一切，自身却隐而不显。对拉康而言，凝视的名字就是爱，与性无关，是精神分析医师对病人的爱，关注他们的主要病痛。与之相似，对杜尚而言，他的准机械新娘的心醉神迷的痛苦因添加了爱的汽油而越烧越旺（爱的本质）。

没有性关系

我们在本书开头看到的圣安妮脸上暧昧的微笑，是一种对缺乏他者的承认。在本书临近结尾的地方，我们在一个天使的脸上又看到了这样的微笑，这个天使将被切断的圣特雷莎（Saint Teresa）现实界的躯体和想象界的灵魂的联合体与符号界的爱之箭缝在了一起。列奥纳多·达·芬奇笔下雌雄莫辨的微笑天使，在弗洛伊德看来，隐藏着难以言表的极乐的秘密。同样，贝尔尼尼创作的天使也成为代表女性原乐的无言工具。圣特雷莎幻想拥有失去的母性菲勒斯、注视或嗓音，迅猛的菲勒斯原乐之箭无法成功瞄准。相反，在圣特雷莎的伤处，拉康看到了对她神秘经历想象的视觉化不足。没有一个符号界能指可以填补无法形容的现实界缺口，但也许无尽的爱的重演可以做到。

《再来一次》一书中复制了一些关键的黑板图表，其中一张是一个等边三角形，代表了人类性别及性欲体验的想象界、符号界和现实界（Imaginary, Symbolic and Real）三维度的相互作用。缺乏女性原乐能指的事实，由S(A̶)表示，位于想象界和符号界之间。失去的生机的假象，由客体"a"表示，位于符号界和现实界之间。运用拉康的三角模板，我可以通过下列方式标出贝尔尼尼作品中各元素的分布。

天使的菲勒斯原乐之箭所指的具体现实，和狂喜的沉默带来的圣徒的其他原乐所代表的难以言表的事实之间存在着一条组成链。视觉上，雕刻画的想象界图式就是由这条组成链联合在一起的。作品的符号界方案，在关于圣徒不断推迟到来的神圣叙述和丢失的菲勒斯客体的渎神假象之间悬而不决，丢失的菲勒斯客体将神奇地完成此事。但是，雕塑家雕刻的石头之固于土地的现实界，抵抗它们虚无的视觉化和象征化，因为这一青铜箭存在一种几乎滑稽的分裂。在拉康的图表中，严格的三角形各边制止了原乐危险地汇集到溢出分界线，并使之维持珍贵的储备状态。贝尔尼尼凝固的大理石作品的神秘液化是超现实原乐的升华标志，使主体免受任何实际享受未遂带来的冲动和沮丧。拉康将这种关于人类性关系错误基础的艺术显露，称为灵魂的 X 光片。

尽管拉康有时会否认自己与巴黎超现实主义 (Parisian surrealism) 运动的早期联系，他完美的言语技巧在这一运动后期的地位，仍等同于贝尔尼尼华丽的风格在罗马巴洛克艺术高潮时的地位。虽然拉康华丽又刻薄的文字游戏经常受到同时期自诩科学的人在轻蔑地批判中当面指责，在《再来一次》一书中，他仍公开接受巴洛克风格过剩作为自己的个人标志。他对语言的头韵和谐音的控制构成了一种形式上的言语能指风尚，显然是戏剧性地模仿了巴洛克风格。拉康的言语风格也展现了接受精神分析者呓语能指的复杂韵律，口误和自由联想。他尤其热衷于将自己的公共演讲，像贝尔尼尼的软石一样，推动到交际过剩的临界点上，那时可以感受到性关系失败的艺术升华，以释放所补偿的未受压制且完全不合理的内心残存的原乐。拉康曾说过，他每周的口头研讨会并不难完成，但他的客体"a"即言语的感官物质性使他与丢失母子肉体的原始空虚再次联系到一起。

在 1972 年 3 月的研讨会上，拉康认为自己同极度兴奋的女圣徒一样，在女病人的视觉幻想影响下，70 岁的他再次发现了自我，他 1932 年的博士论文就是基于这个偏执的刑事袭击案例。该案例名为挚爱（*Aimée*）（所使用的英语词为"beloved"意为"挚爱"），是个臭名昭著的违法原乐案，极大地煽动了超现实主义的男性圈，提供了将拉康和达利首次聚到一起的联系。正如画家达利对自己的偏执狂批判法所声称的那样：他的想象与那些疯子想象的不同点在于，他不疯狂。所以拉康在《再来一次》中宣称，他和展现了他者的非菲勒斯原乐的神秘女性间的区别在于，他对此有所了解，而他们对此一无所知。除了我已经提到过的，达利在 1954 年对蒙娜丽莎的摄影模仿，拉康性别偏移认同的一个早期艺术先例是曼·雷给杜尚拍的著名的照片，照片中杜尚伪装成女性他我（alter ego）——罗斯·瑟拉薇（Rrose Sélavy）（1920 年 1 月，费城美术馆）。

　　从拉康的讲话面临客体"a"的现实界空虚的观点看，基督教艺术和神秘主义的视觉与言语过剩，以神圣的狂喜和殉难的形式，升华了性关系的僵局。那是文艺复兴的距离和博物馆与教堂中巴洛克绘画所证明的东西，直到石板被现代主义关注的事物擦干净，被创作的小正方形的几何关系所取代。如卡西米尔·马列维奇（Kasimir Malevich）和彼埃·蒙德里安（Piet Mondrian）的创作，他们简朴的轴向交叉口分别源自俄国东正教图标和荷兰归正会建筑风格。相比而言，拉康的后基督教和现代主义对数学拓扑学和纽结理论的关注也一分不少。拉康最后写的一些文本中，有一个介绍了 1978 年的一场展览，该展览展出了法国画家弗朗索瓦·雷昂（François Rouan）用条带状色彩纽结编织成的复杂抽象画。雷昂转而向拉康的艺术品公式致敬，称其在形式上包围了人类心灵的空虚感。他创作了位于法国中部的纳韦尔大教堂的彩色玻璃窗（1991），使交织的现实、想象和符号三界回归到其根源，即三位一体的基督教神学和哥特式窗户的精美几何窗饰。《再来一次》出版后，拉康的研讨会重复了很多使他沉迷多年的主题。一方面，在其富有修辞刺激的讲话中，拉康反复地将自己置于弗洛伊德的癔病患者的位置。这些病人不受束缚地谈论他们的身体症状，挑战了得体的女性行为的社会习俗，结果导致创造了谈话疗法（talking cure）。该术语是由一位处于世纪之交的女性提供给弗洛伊德的。另一方面，在对其准数学公式和图表的近于强迫性重复中，拉康将自己定位为弗洛伊德的男性强迫症患者，通过程式化地遵守模糊的法律条文，寻求建立未被阉割的父亲的整体性。

症状

弗洛伊德曾要求对艺术和宗教要有一种普遍的强迫结构，但就这方面而言，拉康则向他的艺术家读者致以歉意。在他晚年，拉康坚持认为，艺术家和精神分析医师的工作程序关系密切，体现在使主体的肉欲症状的客观框架显露这一方面。艺术和精神分析解放的希望不再通过符号性解释，把症状降低到受压抑的童年记忆的身体反应（physical effect）来减少症状，这正如弗洛伊德在关于列奥那多·达·

芬奇的论述中表现出的想法。相反，艺术和精神分析的目标在于全面仔细地查看症状，负责独特地组织某人最亲密的原乐，承认症状无以言表的主体性和无意识的客体性之间牢不可破的联系，识别这种联系，之后顺其自然。拉康早已在其"镜像阶段"论文的结尾处，借用了神圣的印度教准则"你是那！"，从而提出主体空洞的符号界意识及其在现实界中消失的化身的可怜痕迹之间存在着包含矛盾结合体的东西。

未公布的第 21 期研讨会，因符号界父权确立的根本不确定性而被命名，其中拉康重新提出了这些观点。法语词 *Non-dupes errent*（字面意思即"父亲的名字"）是对 *Non-dupes errent*（字面意思为"不上当的错误"）在语音上的转录。所以，前者"父亲的名字"（*Les Noms du père*）就是 1963 年未举行的研讨会的名称。两者听起来读音完全一样，这关于父亲名字的独出心裁的双关，就同时具有"那些没让自己受骗的人所犯错误"的新意。主体的错误将继续受困于想象界中与母亲关系的感知紧迫性中，而不是使之被父亲名字的符号界假象骗到底。正是由于画笔在现实界帆布的经纱和纬纱上呈现的符号界移动，自由绘画中的新生事物才可能诞生。由于直截了当的使用上色的标志，画家可能会回避对"物"的想象界凝视，"物"可以把他或她从公共成就的边缘拉回来，进入回归的怀抱。

面对黑板令人恐惧的空虚，拉康希望传播精神分析学传承的公式和图表，委拉斯开兹就像他一样，畏惧在《宫娥》中嘲笑他的帆布的无形空白。拉康曾发表关于绘画的演讲，10 年后，未公布的第 22 期研讨会被命名为 R.S.I.，会上拉康重复了对 17 世纪艺术家谜般凝视的认同。R.S.I 是精神分析学三界：现实界（Real）、符号界（Symbolic）和想象界（Imaginary）的醒目的首字母缩略词，在法语中的发音听起来像 hérésie，即 heresy（异教）的英文发音。拉康固执地维持着其在圣父、圣子、圣灵的宗教三位一体上对世俗的精神分析法三位一体的破坏性叠加，他是一个备受困扰的异教徒，从未能够完全摒弃伴随其成长的圣经，他的弟弟马克 / 玛丽（Marc/Marie）还是一名修道士，把一生都献给了《圣经》。原乐膨胀不是符号界创造行为的原因，而是其结果，这种行为的最初模式来自《约翰福音》（*Gospel of John*），其中写道，世界之初即有文字。

在 1975 年 6 月的《研讨会》第 23 卷（*Book XXIII of The Seminar*）中，拉康回想起巴黎超现实主义的形成年份，那时他第一次遭遇詹姆斯·乔伊斯（James Joyce）违反宗教和艺术的观点。乔伊斯是前卫的爱尔兰天主教作家，他创作了《尤利西斯》（*Ulysses*）。目睹了乔伊斯在一个前卫的巴黎书店里阅读自己的标志性作品后，拉康在举办了 50 年的研讨会后，提出了症状（symptom）的古语拼写——sinthome——该词本身完全是乔伊斯风格的双语双关。为了区分症状（symptôme）想象的感知声音和对古语症状（sinthome）非感知的符号拼写的区别，拉康邀请了他最早的听众和随后的读者，让他们听和看各种各样与主题罪恶（sin）相关的丰富能指。在 sinthome（古语症状）的字母里，我们发现了刻在书册和坟墓上无法消除的污点。这个书册 / 坟墓是男人的纪念馆。Sin（罪恶）在法语中的发音与 saint（圣徒）的发音很像，尤其像圣汤玛斯（Saint Thomas）——

对耶稣复活抱有质疑的人，和圣汤玛斯·阿奎那（Saint Thomas Aquinas）——肉体复活教义的作者。对于这一教义，拉康本人已不再相信了。在有关这期研讨会的书中充满了图表，拉康详细地计算出乔伊斯的个人经历、癔病和异教的迥异规则如何危险地交织在一起，并为这位作家提供了关键的连贯性，使其一直以 sinthome-syptome（古语症状 -症状）的形式进行文学艺术品的创作。在 1913 年出版的《图腾与禁忌》一书中，弗洛伊德称，癔症患者的身体症状是对一件艺术品物态的有形讽刺画，在 60 年后拉康举办的关于乔伊斯的研讨会上，这一定义在被默默认可。

博罗梅安环

拉康花了好几年纽结线环，并把这些环画在黑板画上，试图构建人类主体的拓扑，其中，存在的现实界、符号界和想象界维度的交织可以被直接理解。这个纽结版本是一个中世纪徽章的变体，原徽章中交错的三个环代表三位一体的联合。该版本引起了拉康的幻想，被命名为博罗梅安，取自 15 世纪一个米兰家族军队的盾徽名称，该家族的势力依靠三个贵族家庭的联盟。尽管对联合有这一视觉肯定，我们仍应记住，纽结的法语单词是 noeud，几乎与否定的标志 ne（不）的发音相似到难以分辨，正如在英语中，单词 knot（纽结）是 not（不是）的绝对同音异形词。仅需字母"k"不发音就可以无中生有，这是众所周知的。

为了做一个三环的博罗梅安纽结——拉康在黑板上用法国三色旗的颜色：蓝、白、红三色粉笔将它们加以区分——每个环都必须上下穿过另外的环，这样最后形成的三合一联合体在任何一环切断后都会解开（图11）。鉴于弗洛伊德把指环授予了他的核心门徒，拉康似乎渴望得到博罗梅安环之王的称号，以下将对这一版本进行图解。

假设顶端的环代表想象界，右边的环代表符号界，左边的环代表现实界。以顺时针方向转动眼睛，我们会看到想象界环的右边廓从上面穿过了它下方的符号界环，从下方穿过了它上方的现实界环右边廓，从上方穿过了它下方的符号界环左边廓，并从下方穿过了它上方的现实界环的左边廓。在想象界与符号界环右边的交叉点，拉康放置了虚假效应，可以将能指的多种潜力凝聚成一个统一的所指意义。在现实界与想象界环左边的交叉点，他放置了他者的原乐，由于缺乏足够的能指，没有什么东西可以说是确定的。这也是现存异教漏洞之所，因为基于拉康的无神论叙述，这儿没有他者的他者，没人保证知晓恢复失乐园需要的代价。因此，在中空的地方，三界是叠加的，拉康刻下了客体"a"的缝合作用，不断循环追求客体"a"，为语言和原乐分裂的主体保持着存在的最小假象。

符号界父亲的隐喻部分未能维持其连锁位置，关于母亲的欲望的想象界要求和肉体原乐的现实界需要，将导致解开感知—身体—心理的纽结，以及主体世界的精神分裂。正如在列奥纳多和小汉斯的案例中，这一失败是拉康在乔伊斯父亲的不足中认识到的，然而是乔伊斯在其艺术的能指中对写作的享受，让其风格创新并一致，使其世界的三合一纽结免于断裂。组成一个珍贵的第四环，缔造一个由现实界、符号界和想象界之间迥异的链接组成的单一链条，现在拉康已经用新眼光看待独特的艺术家风格了。创造作品不仅是凭借无意识欲望的主

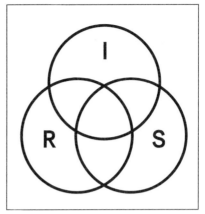

图 11　博罗梅安环

体，能够安全呈现对丢失事物的视觉幻想的升华行动，创造艺术品还为无法压抑的欲望的症状主体直接产生耀眼的原乐客体。

艺术是认识的实际形式，是原乐的本领，在未公开的关于无意识认识的双关智慧的第24期研讨会上，拉康正是如此确认的。在完全无法翻译的研讨会标题——L' Insuquesait de l' unebévues' aile à mourre中，拉康将形式主义的都柏林、维也纳和巴黎的"文字游戏"融合在醉人的声音和意义的混合物中。其中，失败—失败（l' insuccès）——或疯狂又浮躁——无意识的主体——德语中为das Unbewusste（无意识）—— 是一个靠运气取胜的游戏（game of chance）——猜拳（mourre）——某人可以出发驶向致命的爱和死亡——爱/死（amour/mort）。拉康名字的首字母L的性别变换双关——她（elle），她，也可能在机翼一词——机翼（aile）中被听到。

对于艺术，拉康在研讨会中指出，抽象画家如理想主

义哲学家是形而上学者。只要他或她的粗糙想象界模式通过剥离于任何直接与现实联系的错误概念，从而为视觉作品提供一个任意言语标题的简单的符号界权宜之计，这种说法就成立。与对符号界绘画标题的无限阐释相一致，即使当一个作品的标题是《无题》时，艺术中要发现的事实也不在于一些视觉映像的想象界事实，而在于绘事中的现实界多样化，其中显示了艺术家自己原乐的症状整体。正如精神分析医师强调接受精神分析的人的谈话中能指的流动，以便使潜在形式关系的无形结构显现出来，批评家和历史学家也是如此，用单一的能指表达，对作品进行新颖的解释，使作品被偏爱、充满诗意或被偏袒，从而打断图像的流畅，因此变得不完整。

现在到总结的时刻了，这是拉康未公布的第 25 次研讨会的题目，期间逐渐衰老的精神分析医师继续实践他永恒的艺术，像尤利西斯中的妻子佩内洛普（Penelope）在她的织布机前一样，织了又拆，拆了又织一条条三色线：现实界的生活、想象界的爱情和符号界的死亡。在未公布的第 26 期研讨会上，拉康的悲喜剧被命名为《拓扑结构与时间》，不可能的主体存在的丝丝缕缕的缠绕，既不能重获第一个丢失的客体，也不能垄断最终的客体化。然而，尽管拉康历经了所有的幻想、谬误和失败，他依然步履蹒跚地走到了最后。

图书在版编目（CIP）数据

解读艺术: 拉康 /（美）史蒂夫·Z.莱文
（Steven Z. Levine）著；郭立秋译. --重庆：重庆大
学出版社，2023.1
（思想家眼中的艺术丛书）
书名原文: Lacan Reframed: Interpreting Key
Thinkers for the Arts
ISBN 978-7-5689-2722-2

Ⅰ.①解… Ⅱ.①史… ②郭… Ⅲ.①拉康（Lacan,
Jacques 1901-1981）—哲学思想—研究 Ⅳ.①B565.59

中国版本图书馆CIP数据核字（2021）第132426号

思想家眼中的艺术丛书

解读艺术：拉康
JIEDU YISHU LAKANG

[美] 史蒂夫·Z. 莱文（Steven Z.Levine）著
郭立秋 译
策划编辑：席远航
责任编辑：席远航 版式设计：席远航
责任校对：王 倩 责任印制：赵 晟

＊

重庆大学出版社出版发行
出版人：饶帮华
社址：重庆市沙坪坝区大学城西路 21 号
邮编：401331
电话：（023）88617190 88617185（中小学）
传真：（023）88617186 88617166
网址：http://www.cqup.com.cn
邮箱：fxk@cqup.com.cn（营销中心）
全国新华书店经销
重庆市国丰印务有限责任公司印刷

＊

开本：890mm×1240mm 1/32 印张：4.625 字数：101 千
2023 年 1 月第 1 版 2023 年 1 月第 1 次印刷
ISBN 978-7-5689-2722-2 定价：48.00 元